野地秩嘉

SNS時代の文章術

講談社+α《プラスアルファ》新書

わたしたちは、見えるものにではなく、
見えないものに目を注ぐ。見えるものは
一時的であり、見えないものは永遠に
つづくのである。

（新約聖書　コリント人への第二の手紙　第４章）

はじめに

文章については素人だった

話し方、聞き方などコミュニケーションに関する本は何冊も出ている。

ただし、文章の書き方を伝授する本はそれほど多くはない。

谷崎潤一郎、川端康成、三島由紀夫、丸谷才一、井上ひさしといった大家はそれぞれ「文章読本」を書いている。文学界のビッグネームがそうした本を出していることもあって、プロの作家といえども、なかなか文章の書き方を教えようという本にはチャレンジできなかったと思われる。

「谷崎潤一郎や三島由紀夫と肩を並べるような本を書くなんて、そんな恐ろしい……」

それが普通のプロの感想だろう。

しかし、わたしは出す。

何も自分がビッグネームだなどと不遜な自覚があるわけではない。

わたしには大家が持っていない利点がひとつあるからだ。だから、文章の書き方についての本を出す。

わたしの利点とは文章に関してまるっきり素人から始めたことだ。まったく技術はなかった。ゼロだった。普通の社会人だったから文字を並べるくらいはできたけれど、それは文章とは呼べないものだった。

大学で卒論を書いた時、「参考文献は『現代用語の基礎知識』です」と言ったら、ゼミの先生はあきれた顔をして押し黙った。仲間の学生からは「バカじゃないか」と面と向かって非難された。当然、書き直しだった。書き直しもまた2〜3冊の本を借りてきて、ところどころの内容を丸写しして、つなげた。コピー・アンド・ペーストの先駆者である。

就職してからも、その程度の文章しか書いたことはなかった。

ところが、そんなわたしが自力で本を書かざるを得ない羽目に陥る。

ある日のこと、わたしは「自分には夢がない」と初めて悟った。まわりの人が「オレはこういう夢がある」と主張するシーンに出会ったからだ。「そうか、夢がいるのか」と思ったわたしは急遽、夢をつくることにした。それが「一冊の本を出す」ことだった。

テーマを決め、書いてもらうためにプロの作家に頼みに行った。なみなみならぬ行動力だったと思う。しかし、その作家が倒れてしまい、他にやってくれる人が見つからなかった。

そこでわたしは会社を辞め、自分で書くことにしたのである。

途方に暮れていたわたしの前に、ふたりの文章の師があらわれた。ふたりがわたしに文章の原則、書き方を一から教えてくれた。本書には主にそれが書いてある。

1994年、教わったことを生かして『キャンティ物語』(幻冬舎)を書いた。そこそこ売れて、しかも小山薫堂氏の脚本でテレビドラマにもなった。以来、本を書いて暮らしている。暮らせるようになった。

ともかく、わたしはまったくの素人だった。文章はヘタ以下だった。文章力がゼロだった頃の記憶はいまだに残っている。だから、文章がヘタな人の気持ちがわかる。どこがダメなのかを指摘することができる。それがわたしの大きな利点だ。

一方、大家と呼ばれる人々は文章のエリートである。若い頃から天才と呼ばれた人たちだ。彼らは下手な人、素人に対して、どこが下手なのかを的確に伝えるすべは持っていない。名選手がコーチになったようなもので、「どうして、こんな簡単なことができないんだ」と怒ってしまう。わたしはそんなことはしない。文章がヘタなのは原則を知らないからだ。原則を知って訓練すれば、誰でもすぐにわたしくらいにはなることができる。

わたしは自分が原稿用紙を前にして、一日、うなっていたのをいまだに忘れていない。太陽が昇って、西に沈むのをただ見ていた。それくらい、書けなかった。

そういう人のために、この本を書いた。

わたしをプロに仕立て上げたふたりの編集者

初めて雑誌に載った原稿を書いたのは1988年のことだ。

『エスクァイア日本版』に「ミック・ジャガーが来なかった夜」というタイトルの記事を書いた。

ミック・ジャガーが初来日した時、彼のために特別のパーティを計画した友人がいた。しかし、ミックが風邪をひいたので出席できなくなり、パーティは中止になった。顛末《てんまつ》をまとめた短い記事だったけれど、それを読んだふたりの編集者が電話をかけてきて、「本を書きませんか」と言われたのである。電話をくれたうちのひとりが、わたしの文章の先生、文藝春秋社の新井信氏だった。

新井さんは伊丹十三、向田邦子、沢木耕太郎といった大家の担当で、著名な編集者だった。その新井さんが文章の書き方を一から教えてくれたのである。

——文章の構成の仕方、句読点の打ち方、どの言葉を漢字にして、どの言葉をひらがなにすればいいのか、見出しのつけ方、文章におけるデザインとは何か……。

1年間、文藝春秋に通って、やっと完成させたのが、前述の『キャンティ物語』である。原稿を見てくれたのは新井さんだったけれど、当時広告局長だった彼には出版の権限がなかった。出版局長に持っていったら、「これは売れない」と拒否された。

途方に暮れたわたしの前に、またひとりの天使がやってきた。会社を作ったばかりの幻冬舎社長、見城徹氏が「オレが出すよ」と言ってくれたのである。

幻冬舎から本が出ると決まった後も、原稿を直す作業は続いた。ふたりの敏腕編集者がつきっきりで教えてくれた。さらに、見城氏がすべての原稿を読み、直してくれた。

ある時、夜中に見城さんから電話がかかってきた。飯倉のイタリアンレストラン「キャンティ」でデートをした男子高校生が知ったかぶりをしたというエピソードについての質問だったが、「このエピソードがどうして必要なの？　入っていなくちゃいけないの？」と訊ねてきた。

「あれは作家の景山民夫さん本人のエピソードなんです」

わたしがそう答えたら、見城氏は言った。

「バカだなあ。野地。そこを書かなきゃダメだ。景山民夫という名前が入っているから、読者は興味を持って読むんだ。いいか、読者に伝わるように書くのが原稿なんだぞ」

見城さんは文章を完成させるだけでなく、読者にどうやって伝えるかをつねに考えている人だ。

わたしは文章の完成度だけを求めていたけれど、彼は読者を見ていた。そして、もっといえば読者に伝わる文章でなければ本という商品にはならないと、彼はよく知っていた。

新井さん、見城さんという二大編集者のチェックを経て出版された『キャンティ物語』は刊行から20年以上経ったいまでも重版がかかる。ありがたいことだ。

さて、長いまえがきのなかで、わたしが何を言おうとしているかといえば、それはわたしが素人だったこと、そして、編集者に助けられて文章を書いてきたという事実だ。

文章とはそれが芸術的作品であっても、実用文であっても、ひとりで完成させるものではない。書くのはひとりだけれど、発表する前に誰かに読んでもらわなくてはいけない。誰かの意見を聞いて、書き直してこそ文章になる。いくら直してもいいのが文章だ。

本書のなかに書いてあることはわたしひとりの考え方ではない。これまでに仕事を共にした一流編集者たちの考え方が入っている。

わたしは素人だった頃の記憶をもとにして、この本を書いた。同時に、一流編集者たちの知恵を入れた。だから、谷崎潤一郎、川端康成、三島由紀夫、丸谷才一、井上ひさしには負けないものになっている。

目次

1 ＳＮＳ時代の文章とは

1　SNS時代に求められる文章

2013年12月のことだ。「餃子の王将」を率いる王将フードサービスの大東隆行社長（当時）が何者かに銃撃され、命を落とした。いまも犯人は捕まっていない。

わたしは生前の大東社長に数回、面会してインタビューをし、『なぜ、人は「餃子の王将」の行列に並ぶのか？』（プレジデント社）という本にしたことがある。同社についての本はほとんどない。そのため、マスメディアから取材の申し込みがいくつもあった。ただし、わたしは何も話さなかった。犯人を知っているわけではないし、また、亡くなった人について、ぺらぺらしゃべるのは不謹慎だと感じたからだ。そもそも大東さんにはインタビューしただけで、友人ではない。話すようなことは何もなかった。

それでも、マスメディアの取材者は熱心でかつ執拗だった。メール、電話、出版社の編集者を通しての依頼が数十件もあった。上場企業の現役社長が銃撃されて死ぬなんて、めったにあることではない。取材者が執拗になるのも当たり前だったのである。

数多い依頼のなかで一件だけ他とは違う通信手段を使ったものがあった。申し込んできた人は朝日新聞記者と名乗っていた。おそらく本当にそうなのだろう。

彼はSNS（ソーシャル・ネットワーキング・サービス）のひとつ、フェイスブック（FB）を通じて連絡してきたのである。

「はじめまして、私は朝日新聞の記者です。FB上で野地さんを見つけたので、ご連絡しました。亡くなった大東社長についてコメントをいただきたいのですが……」

なるほど、こういう手があったのかと思った。

当時はまだFBではプライバシー設定を「公開」にしていたので、どんな人でもわたしに連絡を取ることは可能だったのである。いまも忘れないのは新聞記者を名乗った彼がSNSを通じて、仕事の連絡をしてきた最初の人物だったからだ。

フェイスブック、LINEといったSNSは「インターネット上のプライベートなプラットフォーム」と思っていた。「プライベート」な空間だと考えていた。だが、それは勘違いだった。

友人知人とだけコミュニケーションする場ではなく、友人知人が勝手に増殖していく公共の空間だった。以後、FBの投稿欄《タイムライン》を見ていると、公的だけれど私利を求めたビジネス関連のお知らせが続々、登場するようになった。つまりSNSが私的、公的を問わず通信手段や自らの仕事のアピールの場として使われるのが当たり前になってきたのである。

特に面会の約束設定や確認、会う場所の地図を送る、宴会、ゴルフ、同窓会の日時設定、そういった連絡はメールよりも各種ＳＮＳの方が便利だ。

原稿や写真をＳＮＳで送るのだって、すでに日常の行為になっている。

たとえばうなぎ屋を取材して、うな重の写真を撮ったとする。キャプションを付けてオンライン雑誌編集部に寄稿する場合、以前は自宅に戻ってＰＣで書き、そしてメールで送った。

だが、いまは違う。うな重を食べながら店の主人の話を聞き、スマートフォンの写真アプリでうな重の写真を撮る（食べる前に）。そして、キャプションくらいなら、その場でまとめてオンライン雑誌の編集部にＳＮＳで送ることができる。短い取材原稿であればスマホとＳＮＳでこと足りるわけだ。

少し前まではデジカメで写真を撮り、写真はＰＣに保存してから送付していた。しかし、いまはスマホの写真アプリの方がきれいだし、色調補正もできる。送付する時もＳＮＳならアップロードする手間がいらない。動画だって撮れる。

文章、写真、動画を送るのにＳＮＳを活用する時代になったのである。

大変化

いまでは大多数の人がSNSをビジネスや公的な連絡に使うようになった。その結果、ビジネスの文章が変わってきた。

冒頭に挙げた新聞記者の取材依頼の文を思い出していただきたい。

彼が書いた前置きは「はじめまして、取材したいんです」だった。時候のあいさつも自己紹介も省略されていた。たった1行の前置きで仕事の依頼をしてきたのである。わたしは彼が失礼だと非難しているのではない。SNSを用いた連絡とはすべてこのような形式になっていると言いたいだけだ。

もし、これが手紙あるいはメールでの依頼だったら、そうはいかないだろう。たいてい、次のような書き方になるのではないか。

「前略　野地様

初めてご連絡いたします。

私は○○新聞○○部に所属しております『くぬぎ山はじめ』(仮名)と申します」

から始まって、「つきましてはなにとぞ、野地様にお時間をいただけたら幸いです」みたいな文章を書くはずだ。なんといっても、彼は新聞記者だ。ことさらに四角四面の手紙文を書くに違いない。

ところが、ＳＮＳというプラットフォームには四角四面の文章はそぐわない。「元気？」といった友人同士の会話文になってしまうのである。そうでなければ「何、こいつ、なんでカッコつけてるわけ」となってしまうのである。


いまや、しゃべることから書くことへとコミュニケーションは確実に変化している。それにつれて、文章の書き方、使う用語、文章の長さなどが変わってきている。

それはＳＮＳが広まったからだ。最初は私的な空間で使われていた文章がビジネスの分野を侵食したとも言える。こうしてビジネスマンが書く文章は少しずつではあるが着実に変わってきている。

「ふん、何を言うのだ。大げさな奴め。オレはＳＮＳなんて使ってはいない。だから、関係ない」

と、うそぶく人もいるだろうが、世の中の変化は速い。特に、私的なコミュニケーション手段は毎日、必ず使うものだ。祝日だからといってＬＩＮＥの連絡を休む人はいない。

「オレには関係ない」とうそぶいているうちに、文章の変化、使う言葉の変容はじわじわと周囲を満たしていく。

次の言葉はナチスドイツに抵抗した神学者、牧師のマルティン・ニーメラーが書いた詩の一節だが、本書では「流行は自分に関係ない」と思っている人のために引用する。バージョンはいくつかある。原詩は「彼らが最初共産主義者を攻撃したとき」だ。しかし、『ネオ・チャイナ』（エヴァン・オズノス　笠井亮平訳　白水社）という本には、次のバージョンが載っていた。

「太った男が自由を奪われたとき、あなたは『自分は関係ない、だってやせているから』と言った。ひげをたくわえた男が自由を奪われたとき、あなたは『自分は関係ない、だってひげは生やしていないから』と言った。ヒマワリの種を売っていた男が自由を奪われたとき、あなたは『自分は関係ない、だってヒマワリの種なんて売りはしないから』と言った。しかしやせていて、ひげを生やしておらず、ヒマワリの種なんて売りはしない者のところにやつらが来たら、あなたのために声を上げてくれる人は誰一人いなくなるだろう」

波のようにひたひた押し寄せてきて、気がついたら、逃れられなくなっている。それが流行だ。

いま、原稿用紙に万年筆で文字を埋める寄稿家は数えるほどしかいない。文章を書くプロの大半はＰＣもしくはタブレットを使い、日本語の文章を横書きで書いている。

プロではない一般のビジネスマンにしても事情は同じだろう。手書きで報告書、企画書を出す人は退職していなくなったのではないか。そして、いまのところはまだ報告書、企画書をプリントして上司に見せているだろうけれど、２０２０年までにはモニター上、タブレット上、スマホ上で文書を検討するのが当たり前になるだろう。本書はそういう時代に対応するための文章の書き方をまとめたものだ。

ネット時代とSNS時代の違い

ＳＮＳを使うようになると、ネットの使い方が変わる。

ＳＮＳをやっている人は従来のメールを最小限度しか使わない。仕事上の連絡では従来のメールアドレスから発信するけれど、私的な連絡はほとんどＳＮＳになっている。通信はＳＮＳ経由となり、ネットを使うとすれば検索するか、動画を見るか、音楽を聴くかに限られる。ネットはコミュニケーションの道具ではなく、検索とエンタテイメントのために使うものになっている。

そうなると、情報の受け取り方が変わる。

ＳＮＳを使っている人は投稿欄に載った情報、友人知人から流れてくる情報のなかから好みのものを採り入れる。情報を流してくれたのは友人知人だから、好みの情報を選んでくれているると思っている。

一方、まだSNSをやっていない人は自分でマスメディアなどから情報のヒントをつかんできて、それから検索するのが一般的だ。自分から受け取りに行かなくてはならない。SNSを使っている人の方が好みの情報をたやすく手に入れているわけだ。

また、通信手段として考えると、従来のメール連絡には不便な点がある。

知人が海外に赴任したり、異動して部署が変わったり、転職したりするとしばしばメールアドレスが変わることがある。海外への赴任、異動、転職がごく当たり前になった現在、いちいちメールアドレスを変更するのはかなり面倒くさいことなのである。ところがSNSのアカウントならば転職しても変わらない。永続的に使える。いちいち住所録を変えなくてもいい。Gmailなどを使っている人も増えてきたから、その場合もアドレスを変えたりはしない……。けれど、それにしても従来のメール連絡よりもSNSのトーク、メッセージ機能で連絡を取った方が便利なのである。

メールの不便な点はもうひとつある。

たとえば2011年の東日本大震災の時、家族と電話やメールで連絡を取ろうとしたら、通信量が一気に増えて、電話はかからなかったし、メールも送れなかった。しかし、SNSではつながった。当時はまだ利用者が少なかったせいもあるだろうけれど、非常時のために連絡手段を何通りも持っていた方がいい。つまり、ＳＮＳを使う人は増えこそすれ、減ることはない。

ＳＮＳのプロが気づいたこと

さて、本論に戻る。ＳＮＳ時代になってビジネスの文章が変わった。それに気づいたのはわたしだけではない。ＳＮＳのプロは早い段階から兆候をつかんでいた。

植田みさもそのひとりだ。彼女は電通デジタルマーケティングセンター　リアルタイムマーケティング部に所属している。

「リアルタイムマーケティング？　いったいなんだ、それは」と問う人には、ＳＮＳのプロですと答えるしかない。

植田は企業がＳＮＳを使って、消費者ひとりひとりに働きかける仕事のプランニング、運営をやっている。

まず彼女が手がけたのはＳＮＳのひとつ、ツイッター上のつぶやきを読むことだった。部下と手分けして、毎日毎日、数千人分のつぶやきを読んでいたという。

「ある企業のファンがいます。その人たちは企業が出している商品について、自分のアカウントで話題にしたり、その企業のアカウントに向かってつぶやいたりする。企業側はそういう人を見つけて、もし、誕生日だったら『おめでとう』といったメッセージを送る。

他愛ないといえば他愛ないことですけれど、メッセージをもらったファンにしてみればあこがれの芸能人から祝福してもらったようなものですから、すごく嬉しい。企業のファンになったことを喜ぶことができ、ますます熱心にその企業を応援します」

彼女のクライアント企業はかつてはテレビやラジオといったマスメディアだけで自社のイメージアップを図ればよかった。しかし、従来のマスメディアに接触しない若者も増えている。若者だけでなく、50代以上の人々だって、従来メディアよりもモバイル（スマホやタブレット端末）との接触時間が長くなっている。

手間のかかる仕事だけれど、植田が考えたようなひとりひとりの消費者にSNSで的確なメッセージを送ることは重要なコミュニケーション手法なのである。

ただし、問題があった。それは毎日つぶやく数千人のうちの、どの人にメッセージを送るかを決めることだった。

「すべてを読んで判断します。つぶやきを読んで、その人のキャラクターをイメージする。それが当時の私の仕事と言っても過言ではありませんでした。

あまりに過激なことをつぶやいていたり、ネガティブなことを連発している人は避けます。メッセージを送るのは誕生日を迎えた人や、ユニークな使い方をしている人。たくさんの発言を読んでいるうちに、この人はこういう人だと、キャラクターが頭に浮かんでくるようになりました。それに、どれほど短い文章でも、文章にはその人の人柄が出ます。それを頼りに判断するのです」

適切な人にメッセージを送るだけが彼女の仕事ではない。

「こちらから送るメッセージの文章も重要です。なんといっても発信している人と目の高さを合わせなくてはならない。自分は大人だから、企業人だからといって絶対に上から目線で発信してはいけない。

だからといって、くだけすぎた内容でもダメ。変に若者言葉を使ってメッセージを送ったりすれば、『このオヤジはなんで調子に乗っているんだ』といったことになる」

文章を読むプロといえば、以前は出版社の編集者、新聞社の整理担当者だった。ところが、SNSが普及してきたいま、彼女のような、膨大な量の文章に目を通す専門家が現れたのである。彼女が通暁している分野は「スマホ画面で読んだり書いたりしている文章」だ。つまり、いまの人々が日常で触れている日本語の文章を読むプロが彼女たちだと言っていい。

その植田が「日本語の文章は変わってきています」と断言する。

「みなさん、お気づきかもしれませんが、メールの文章はまだビジネス的でした。きちんとした手紙のように書いていた。ところが、ＳＮＳのメッセージ機能での会話は冒頭のあいさつもないんです。おまけに絵文字、スタンプ（ＬＩＮＥの場合）が必ず入る。若い人ならスタンプだけで会話が成り立つことさえあります。コミュニケーションが文章ではなくスタンプなのです」

文章がどんどん短くなっている

植田と同じ電通に勤めるふたりもＳＮＳのプロだ。小川達也、そしてフリーランス編集者のＩ氏である。ふたりは元々プリンティングメディアの編集者だった。

小川は電通の書籍の編集を手がけ、加えて、いまは「ウェブ電通報」を担当している。かたやＩ氏は、やはり「ウェブ電通報」の編集をすることで、ＳＮＳに詳しくなった。

小川、Ｉ氏のふたりは植田とはまた違う視点で、ＳＮＳ時代の文章の変化を捉えている。

Ｉ氏が気づいたことは次のようなものだ。

「たとえばブログはメール時代の自己表現のメディアという感じですね。一方でＳＮＳの投稿がある。ふたつを比べると、ブログはひとりごとに近い。誰かが読んでくれるのかどうかを気にせずに書いている。ＳＮＳの投稿は読む人を意識しています。おそらく友人知人の顔を思い浮かべて書いているからでしょう。読んでくれる人を意識するかしないかで文章は自ずから変わってしまいます。ここまでは、個人間のメッセージの話です。

ところが、企業から個人へのメッセージもメールマガジンとSNSでは文章の書き方、調子が違ってきている。メルマガの文章は企業の言葉です。どこか堅苦しい。一方、SNSではフレンドリーさが表れている。読んでいる人と目の高さを同じにしているというか……」

わたしは「フレンドリー」とは何かをI氏に訊ねた。

「フレンドリーとはたとえば口語表現を多く使用することでしょうか。話しかけるように書かないと、読者の琴線に触れない。また、絵文字、スタンプ、写真、動画を使うことで読者への距離の近さを感じさせるのもフレンドリーの要素です」

では、そういう表現で日常を送っている人たちのビジネスの文章はどう変わってきているのか。

「SNSが浸透してから文章は短くなりました。モニター画面でスクロールしながら読む人はほぼいないと思っていいでしょう。文章は1画面以内におさめないと読んでもらえない。

文自体も短くなっています。ぶつぶつと細切れの文が続く感じです。そして、句読点と改行が増えています。モニター画面では3行書いたら1行は空けろと言われるくらい、頻繁に改行します。かつ行間を空けたりします。印刷された本の文章も徐々にではありますが、いずれはそうなっていくのではないでしょうか。

気になる点もあります。ウェブマガジンで執筆している人の問題でいえば、出典、引用元を書かない人が増えていること。出典を書くことや引用のルールをはっきりと知らないのでしょう。ただし、聞いてみると彼らにも言い分はある。『引用元や出典がわからなかったら、右クリックしてググればいいじゃないか』。確かに、単語を右クリックすれば検索できる。それはいまの人には常識です。だからといって、引用元を書かないのは間違いです。引用のルールをちゃんと教育することが必要です」

企業が発信するメルマガの執筆者はライターもいるけれど、普通のビジネスマンもいるだろう。彼らはI氏の話をかみしめるべきだ。フレンドリーさを重んじた文章でいい。しかし、ルールにのっとって書かなければならない。

もうひとりのプロ、小川の見方はどうか。彼は長年、活字の本を手がけてきた。ウェブメディア、SNSを扱うようになった当初は面食らったという。

「当社で出している活字の本は広告、宣伝、マーケティングの本ですから、事実の著述が内容となっています。ところが、ウェブに氾濫する文章、当社のウェブマガジンに送られてくる文章、そのいずれも事実よりも個人の感想が多く書かれていることに気づきました。しかも長々と感想が書いてある。これはわたしにはひどく読みにくいのです」

活字の仕事を長くやってきた編集者は小川と同じ感想を抱くのではないか。実際、ＦＢに載っている投稿などを眺めていると、確かに記事となっている文章の大半は感想だ。取材して書いた情報は少ない。

現在、小川は早稲田大学のビジネススクールで学んでいる。同窓である若い人たちの文章を読む機会がある。すると、ある特徴に気づいたという。

「ウェブ上の文章は短くなっています。簡潔になっているとは言いませんが、長く書く人はいない。ところが、書類にする文章を書かせるとなると、若い人ほど長く書こうとするんです。どうやら彼らは、文章は長い方が格が上だと思い込んでいる。わたしがアドバイスするのは簡潔に、わかりやすく書くこと。それなのに、彼らは長い文章を書いてくる。長い文章が知的さをあらわすと思い込んでいるようなんです」

SNS時代の文章の特徴

植田、小川、Ｉ氏がいまの文章に感じた点とわたしの感想はほぼ同じだ。

彼らが感じたＳＮＳ時代の文章の特徴をまとめると、次のようなものになる。

1　文章に写真や動画、絵文字が付いてくる

人に伝えるための文章に写真、動画、絵文字、スタンプなどが必ず付いてくる。文章だけで相手に何かを伝えようとするのではなく、他のメディアを駆使している。たとえば、会合場所の飲食店について、「おいしいからここにしよ」と書いた後、「食べログ」のURLが添付されている。

2　記号、句読点が増えている

疑問符、感嘆符はもはや当たり前だ。さらに言えばひとつの文のなかに読点が満載されていることもある。

3　読む人を意識した文章になっている

ウェブ上の文章といえばブログと思われていた時代、文章はひとりごとの延長だった。だが、SNSでの投稿、メッセージ、さらに、SNSに慣れている人の仕事の文章はあきらかに読者を頭に置いて書くようになっている。

では、読者を意識した文章とはどういうものか。「オレがオレが」と発信者である自分を前面に押し出す表現は少なくなっている。読者を意識した文章とは没個性の素っ気ない文章なのだ。

それはSNS上ではあからさまな自慢行為、過激な表現、自己宣伝は不評を呼ぶからだろう。

仮に「このイベントはオレが成功させた」と書いたとしよう。「よくやった」と言う人がいる半面、「図々しい」とコメントを書き込む人が出てくる。自分自身については、さらっと書く。自慢はしないのがSNS上の作法と言える。だから、自らが経営している飲食店について、集客ばかりを考えた書き込みは無視される。
ウェブ上で読む人が好む文章とは、添加物のない、「オーガニックな文章」だ。オーガニックな文章については後述する。

4　読む人に目の高さを合わせた文章が好まれる

「ひとりひとりの目線に合わせる」というよりも、「上から目線の文章は嫌われる」ということだろう。

ここまでは3人の意見を総合したもので、これから先はわたしが気づいた点だ。

5　文章のなかの漢字が減った

モニター画面、スマホ画面で文章を読む場合、長いものは読む気が起こらなくなる。同じことが漢字の多い文章にも言える。書く方は読み手の気持ちをわかっているから、漢字を減らしてしまう。

また、難しい言葉を使わずに、誰もが知っている言葉に置き換えてしまう傾向もある。ライフネット生命というインターネット生命保険の会長、出口治明氏から聞いた話だが、出口氏が文書に「少壮官僚」という言葉を書いたら、若い社員が「若手官僚」に直したのだという。出口氏は「美しい日本語がなくなってしまうし、そもそも意味を取り違えている」と危機感をあらわにしていた。わたしも同意する。ふたつの言葉は意味が異なる。若手は「若い」だけだけれど、少壮と書いたら、「若手のなかでも将来を嘱望《しょくぼう》される」人を指す。まったく意味が違うのだから、置き換えてはいけない。

しかし、出口氏が憂えたような言葉の置き換えはすすんでいる。意味を取り違えて、やさしい単語で表現することはウェブ上だけでなく、一般の雑誌、書籍でも見られるようになった。

文章のなかの漢字が減った余波とも思えるのがルビの激減である。ルビとは漢字につける振り仮名だ。

ルビは日本独特の表現技法で、縦書きの文章の場合は漢字の右横に、横書きの場合は漢字の上に付く。ただし、縦書きの場合は納得して読み進んでいくことができるけれど、横書きの文章にルビが頻出してくると、紙面全体はうるさく感じられる。行と行のあいだに小さな文字がたくさん出てくると、かえって読みづらくなる。

6　文は短くなり、体言止めが多くなっている

ＳＮＳのメッセージには「既読　何時何分」といった情報が添付されるものもある。一度、連絡を受けたら反射的に返事しないと、相手が不機嫌になる。少しでも早く打ち返そうとするため、文章は限りなく短く、単語は小学生でもわかるものになり、「また明日！」のような体言止めばかりになる。

日々、こうした文章ばかり読んでいると、いずれ難解な文章、漢字の多い文章を読むのが苦痛になってくる。

7　コロケーションが間違っている

コロケーションとは連句、あるいは連語のこと。

「腹を立てる」「頭が切れる」といった「簡単なことばであるけれど、その二つが結びつき、つながることで、更に違う意味のことばを作っていく」（『日本語コロケーション辞典』金田一秀穂監修　学研）ものだ。

同書の「まえがき」にはこんなことも書いてある。

「『腹を立てる』というのをそのままタイ語に直訳して、日本語を知らないタイ人に、どんな意味だと思うか、と聞いたところ、一番多かった答えは、『妊娠した』だった」

コロケーションとは生活のなかから出てきた言葉の使い方であり、語彙の多さと並んで、

豊かな文章を書くための武器だ。正確なコロケーション、慣用句を使えば言語表現は知的に感じられる。

ただし、SNSの投稿に限らず、老若男女を問わず、現在、ちゃんとしたコロケーション、慣用句で文章を書いている人はとても少なくなっている。新聞記者や編集者のなかにも、コロケーションという言葉とその意味を知らない人がいる。

8　個性と賢さを出したい人たちが文章を書いて投稿している

わたしはSNSの投稿やメッセージを見て、書いた人の気持ちを類推してみた。おそらく次のようなものではないかと思っている。

SNSに頻繁に文章を書いている人は自分のイメージを「賢い人、面白い人、物静かな人」と思ってもらいたいのではないか。

彼らはストレートにそう表現しているわけではない。非常に慎重な態度で文章を書いている。たとえば、彼らは擬音語は使わない。難解なカタカナ用語も極力避けている。カタカナ用語を使う仕事をしているにもかかわらず、利口な人はそれを使わない。きっと、カタカナ用語ばかりを使う人はSNS上でも、社会的には評価されないとわかっているからだろう。

シャウトしている人もいない。「オレは毎晩寝ないで仕事をしてるんだぜえ！」なんて書いている人はいない。そんなことを書いたら、嫌われることがわかっている。

要するに、頻繁に投稿して、「いいね！」を稼いでいる人は慎重なのだ。嫌われるような内容はあえて書かずに中庸な態度を保ち、しかし、難解な本を持ち出したり、美術について評論したりしてどこかで知性を主張している。

「この店で爆食」なんてこともたまには書くけれど、それは仮面だ。お茶目な自分を表現しようとしている。

彼らはわかりやすく、平易な文章を書く。それはやはり、投稿を読む相手が知人もしくは知人の友人、そして、その延長線上にいる人だとわきまえているからだろう。

彼らは伝えたい内容よりも、自分がどういう存在に見られるかの方が気にかかっている。

そして、どういった存在に見られたいかといえば、それは「賢い人」であり、「面白い人」であり、最後に「物静かな人」だ。わたしはそう感じている。

SNSを使いこなしている人とはそういうキャラクターの人たちなのである。

めざすべき文章とは

さて、ここまでSNSの投稿、メッセージに出てくる文章の特徴を挙げた。

だからといって、わたしはそれに合わせて漢字を少なくしよう、句読点を増やそうなどと言いたいのではない。

むしろ逆だ。

ここがこの本の大事なところだ。

短くて、しかも絵文字が出てくるような文章を書くのは容易だ。それより、誰もが短い文章を書く時代になったからこそ、長くても、わかりやすい文章にすればいい。語彙を増やし、句読点を減らし、それでいて読みやすい文章を書くことが、これからのビジネスマンにとっては必要になってくる。

なぜ、必要なのかといえば、報告書、企画書、連絡メモなどを書く時に、ちゃんとした文章を書くことができれば、その人は得をする。「おっ、こいつは見かけはぼんやりしているけれど、文章はいい」。そう思う人が出てくる。

賢い人であり、文章に自分の個性を表すことができる人と思われるだろう。そうすると、上司から大きな仕事をまかされる。

それだけではない。ビジネスマンが文章に磨きをかける必要があるのは誰もがＳＮＳ上で商品やサービスを売る立場になってもおかしくないからだ。

これまで商品の宣伝、販売促進はプロのコピーライターが担当していた。しかし、それはメディアがテレビ、ラジオ、新聞などのマスメディアしかなかったからプロが書いていたのである。だが、いまの人たちはマスメディアに載っている宣伝文句よりも、友人知人が発信するSNSの情報を信じている。真実はSNSのなかにあると思っている人たちも少なくない。マスメディアで推奨されている商品よりも、友人がSNSで「これいいよ」と教えてくれた商品の方が価値があると思っている。SNSは価値のあるものになっているので、ビジネスマンはSNS上で商品を推奨する必要にせまられる。

広告よりも重視される「つぶやき」

なぜ、人はマスメディアよりSNSの情報を信じるのだろうか。

理由は3つ考えられる。

ひとつめは自分がつきあっている友人知人からの情報だからだ。

SNSでつながっている人とはすなわち友人知人であり、そのまた友人知人たちだ。そして、友人知人関係になっているのは本人と環境や価値観が似ているからと言える。人はまったく環境と価値観が合わない人とは長くつきあえない。人は赤の他人が推奨した商品よりも、自分と好みが合う人がすすめてくれた商品に親近感をおぼえる。

飲食店情報はその典型だろう。ガッツリ食べたい人は、ガッツリ食べている人の大盛り情報に敏感だ。すしが好きな人はすしマニアのSNS投稿を読んでいる。好みが合う人の情報がいちばんだと信じている。

「行ってみよう。買ってみよう」と思うものである。

ふたつめはSNSの情報には、「本当の」専門家が発信したものがあるからだ。軍事評論家から家電の専門家まで世の中にはさまざまな専門家がいる。従来、専門家として認識、評価されるにはマスメディアに登場しなくてはならなかった。「テレビに出ているから、あの人は家事の専門家だ」などと思われていたのである。

しかし、マスメディアが出演させる専門家とは、たまたまテレビ局員と親しかったり、芸能プロに所属していたりする人が大半なのである。なかにはちゃんとした人もいるけれど、「この人がどうして専門家なの？」と疑問に思う人だっている。

それに対して、SNS上では「専門家」を自称できない。自称している人もいるけれど、信頼を得られないとすぐに消えてしまう。SNSにはレビュー機能があるため「言っていることが信じられない」「情報の確度が高くない」と思われたら、そこでおしまいだ。否定的なレビューがたくさん載ったら、自称していた専門家は退出せざるを得ない。それほどSNS上の意見はスクリーニングされている。

実名でSNSに投稿している専門家はリスクを背負って意見を述べなくてはならない。コメンテーターとしてマスメディアに出ている専門家よりも、ある意味では鍛えられている。そうした「本当の」専門家であれば、人は彼の意見や情報を信じる。

３つめは宣伝とＰＲの違いだ。広告などの宣伝は文字通り「商品を買ってもらう」のが目的となる。いっぽう、ＰＲの目的は「商品に好意を持ってもらう」ことだ。

わたしなりの言い方をすると次のようになる。

テレビなどのマスメディアで流されている宣伝広告は「一人称の主張」である。

「私の会社が作った製品は最高です。間違いありません」

作った本人がそう主張している。

対してＳＮＳで友人知人が教えてくれる情報とは「第三者のつぶやき」である。押しつけがましいものではない。情報の発信者は「この商品がいい」と断言するのではなく、「悪くないんじゃないの」とつぶやいている。いわば商品に対する自らの寄りそい方を表明している。

「僕はこのケータイをこう使っているけれど、いいところも悪いところもあるよ。ただ、こういうのがほしい人には満足できるんじゃないの」

マスメディアは宣伝だけれど、ＳＮＳはＰＲに近い。第三者が商品に対する好意を醸成しているわけだ。

商品やサービスの名前を記憶にとどめるために有効なのはマスメディアの宣伝だろう。しかし、現在、ＳＮＳを使っている人はマスメディアが発信する一人称の主張をそのまま信用することはない。

彼らは一度、SNS上で商品情報をふるいにかけてから、購入を考える。自分の価値観に似た人の評価に重きを置いているのである。

少し前までなら商品やサービスの説明、販促のための文章はプロのコピーライターにまかせるのが当たり前だった。むろん、これからも、マスメディアにおける宣伝の文案を考え、執筆するのはやはりプロのコピーライターだろう。

しかし、SNS上ではプロのコピーライターの文章は浮いてしまうのである。

仮にコピーライターが日ごろの技を駆使して、SNS上で友人知人相手に、売らんかなの文句、押しの強すぎる表現の文章を書いたとしよう。読んだ人はたちまち彼の魂胆を見抜く。友人知人は「この人はプライベートな空間で商売をしようとしている」と思う。

プロのコピーライターの技は通用しにくいのである。要するに、マスメディアに書く宣伝コピーとSNS上の文章はまったく違うものでなくてはならない。

SNS上ではプロでもアマチュアでも、プレーンで、ユーモアのある文章を書くことだ。シャウトしたり、あまりに四角四面なことを書くと滑稽《こっけい》に見えてしまう。飛び跳ねた文章は目立つけれど、好意を得る文章にはならない。

SNSで商品やサービスを売るとする。商品説明の文章を書くのはコピーライターではない方がいいとわたしは思っている。商品を作った技術者、サービスを開発した担当者、あるいは最前線で売っている人が簡潔に商品を説明する。できればユーモアを加える。その方がSNS上では評価される。

同様に、ビジネスマンがSNS上で目的に合った文章を書くことができれば、人はそれに魅力を感じる。一般のビジネスマンがプロのコピーライターに匹敵する働きができる時代になった。つまり、SNS時代の文章術とはアマチュアのためのものと言っていい。

ただし、素人の文章ではダメだ。練度の高い文章を書かなくてはならない。SNSとはプロに代わって、アマチュアがカネになる文章を書くことのできる初めてのメディアとも言える。

2 文章が上手になる方法

これから本書で取り上げるのは仕事で必要な報告書・企画書といったビジネス文書、そして実用文の書き方だ。しかし、「文章の原則」をつかむことができれば、手紙、ラブレターといった私的な文書、エッセイ、小説といったものも書くことができる。

わたしは職業として寄稿家、著述家になる前、1年近くにわたって文章の書き方の訓練を受けることができた。原則から教えてもらった。素人だったから、どうしてそれが文章の原則なのかを訊ねた。思えばそれがよかった。文章を書くには応用よりも、基礎を固めることだ。応用は実践の場で、その都度、考えるしかない。

時々、わたしはこんなことを聞かれる。

「プロならみんな、どこかで文章を学んでいるんじゃないの？」

確かに、新聞記者、出版社の編集者、広告代理店の社員コピーライターといった人たちは文章を習っている。しかし、原則や技法から教わることはない。

「まず書いてごらん」と言われて、原稿を書いたら上司が直すだけだ。教わるというよりも、実地訓練である。ひたすら応用力を鍛えられているのである。

上司は部下が書いた原稿を見て、「ここのところはこうやって書く」と指示するだけだ。原則や約束事を教えるわけではない。あとは「必死で書け」とか「原稿用紙に魂をぶちこめ」といった原始的な精神論である。何の意味もない。

だが、文章を理解するには基礎的な約束事を知っておかなくてはならない。書いて迷った時に判断するには原則を知らないとパニックになるからだ。

以下に挙げるのは、文章が上手になるための原則だ。

文章を書く第一歩とは

人は何のために文章を書くのか。情報もしくは感情、意見を伝えるために書くのではないか。そもそも伝えるべきものを持たなかったら、文章にはならない。

文章を書く第一歩は、自分が何を書くのかをはっきりさせることだ。そして、文章は人に伝えるためにある。自分だけがわかる文章ではダメだ。文章は読む人のためにある。読む人がわかる文章を書く。

まず、次の文章を読んでいただこう。

〈大事なのは生の素材であり、話そのものなのであって、生半可な解説なんか話の流れにとってはただ邪魔なだけなんだ、と彼は言った。そんなことされたら、話の本来の面白みが損なわれてしまうんだ。魔法がとけちまうんだ。お前に必要なのはその物語自体の持つ力を信頼することだ、とサンダーズは言った。話の邪魔をしないで、さっさと物語を素直に前に進めればいいんだよ〉（『本当の戦争の話をしよう』ティム・オブライエン　村上春樹訳　文春文庫）

わたしが何十行も費やして説明するよりも、この小説の一節が書くべき内容の大切さを伝えている。

生の素材と話そのものだ。

くどいようだが、生の素材と話そのものを見つけることが書くことのスタート地点である。

ついでだが、この村上春樹氏の文章における句読点の打ち方は勉強になる。最初の文「大事なのは〜彼は言った」を見てみよう。これ以上、句読点を打つと多すぎるし、これ以下だと少ない。句読点が文のリズムを作っている。思うにいまの人がこの文章を書いたら、もう少し句読点が多くなってしまうのではないだろうか。

もうひとつ大切な点がある。ここにあるように文章を引用した場合は出典を明示すること。著者、出版社を明記するのは常識であり、それをしないと「盗作」「パクリ」とののしられる。たとえ社内の文書であっても出典は正しく表記する。著者の名前も間違えてはいけない。また、引用はあまり長くするものではない。1ページの半分程度にとどめておく。3ページも4ページも写しておいて「引用だ」と主張してはいけない。

それでは、どのような内容を文字に書くのか。

文書にする内容とは「伝える情報」であり、かつ、「残すための情報」でなくてはならない。しかも、複数の人に伝えて残すためのものだ。課長に合コンの場所を伝えるだけなら文書にする必要はない。

ビジネスマンであれば書く前に「伝えるに値することかどうか」「残すべき文書なのかどうか」を考えてからとりかかる。

また、短い内容の情報は文書にしなくてもいい。伝えたいことが50字以内で終わるのならば箇条書きのメッセージの方が向いている。

ラブレターを書く場合だって同様だ。50字以上の伝えたい恋愛感情なり執着がないのならばむしろ書かない方がいい。内容のない長い文章ほど始末に困るものはない。誰もそんなものは読みたくないし、書いてあることを信用することもない。

簡潔で明晰な文章にする

簡潔とは短いこと。要点をなるべく短い文章で書くことだ。

明晰とははっきりしていて、わかりやすいこと。わたし流にいえば、文頭から文章を読んでいった場合、後戻りしなくてもわかることをいう。

どうだろう。そういった明晰な文章をつねに書いている人は決して多くはないと思われる。

「短い文章にしたいのだけれど、書きたいことが多すぎて……」

確かに、そういうケースはある。

その場合はどうするか。まず書きたいことのひとつを50字以下の文にまとめる。そして書きたい事柄の数だけ短文を作る。それをつなげて文章にすればいい。ただし、順番はしっかり考えることだ。文の頭から読んでいって、後戻りしなくても理解できる文章に組み上げる。これが原則だ。

最初のうちは混乱してしまうことがある。その場合は書いたものを誰かに読んでもらう。

書きたいことを短文にしたもの（A）、それをつなげて長い文章にしたもの（B）を仕上げる。そうして、AとBの両方を誰かに読んでもらう。

「内容がわかった」と言われたら、そのままでいい。

「わからなかった」と言われたら、短文が悪いのか、順番が悪いのかを聞いて、「理解できた」と言われるまで書きなおす。

こうすれば誰でも長い文章が書ける。慣れたら、構成案を作ってから一気に長い文章が書けるようにする。

オーガニックな文章を書く

「オーガニック」という言葉はインターネットの世界でよく使われる用語だ。元々は化学肥料・農薬を使っていない野菜、添加物のない食品を指したが、ネットの世界では「広告が入らない記事」をいう。そして、オーガニックリーチとなると、まさしくSNSを介して、人が自分たちの言葉で友人知人に情報を伝えることである。

ここでわたしがいうオーガニックな文章とはもう少し意味が広い。「広告が入らない文章」というだけではなく、「大げさな言葉の羅列ではないプレーンな文章」のことだ。素っ気ないとも表現できるけれど、退屈な文章のことではない。

オーガニックな文章の条件として次の3点が挙げられる。

1　記号、カッコ、句読点が少ないもの

文尾に「！」「!!」「？」を多用しない。カッコもできる限り少なくする。句読点もやたらと打たない。文章がうるさく感じられるからだ。

わたしは文章の訓練を受けた時、まっさきに注意されたのは、句読点の多さだった。前述の新井信氏から「野地くん、深呼吸してみなさい」と言われた。そこで、わたしは文藝春秋社の応接室で立ち上がって「はあはあ」と大きく呼吸をした。

「思った通り。息が上がってるよ、キミ。句読点は呼吸と同じリズムで打つんだ。素人は息が上がっているからついつい、句読点をたくさん打ってしまう。

本来、日本語の文章には句読点はない。毛筆で巻紙に文字を書いていた時には句読点はなかった。日本語の文章を書く以上、やたらと句読点を多用してはいけない。記号もカッコも同様だよ」

句読点やカッコがなくても、スムーズに読めるように、文字の配列を考えるのが本来の日本語の文章なのである。

もっとも、絵文字、スタンプ、写真については句読点とは同様ではない。これは新しい表

現形式だから、文章と組み合わせて使うのはかまわない。ただし、デザイン能力がある人だけにしておいた方がいいとは思う。

2 あおり文句、これでもかといったような押し売りの言葉、大げさな擬音語がない

いずれもオーガニックな文章には必要ない。

「ぜひ、一度おためしを」
「これが最高級です」
「みんな使っています」
「ダイダイ大好き」

センスが悪いし、ありきたりの文句ばかりだ。しかも、他の言葉、文に悪影響を与える。淡々と事実を書いて、そこに説得力を持たせるのが文章の力だ。安っぽい文句は書かない。

ただし、話す場合は別。ジャパネットたかたの前社長が駆使したあおり文句は至芸だと思う。

3 カタカナ用語、テクニカルターム、IT用語は必要最小限に

カタカナばかりでテクニカルターム満載の文章を読んでいると、書いた人の顔がたやすく想像できる。

「どうだ、オレはこんなにたくさんカタカナ用語を知ってるんだぜ」

書いた本人が威張っている顔が頭に浮かんでくる。内容が間違っていなくとも、嫌なやつに思えてくる。使うにしても最小限にするべきだ。

また、カタカナ用語の後ろにカッコをつけて日本語で意味を記すのはさらによくない。見た目がうるさいデザインになるから、読む意欲が減退する。それなら最初から日本語で書いておけば済む。カタカナ用語は書くものではなく、会話や講演のなかで効果的にしゃべって使うものだ。

カタカナ用語をなるべく使わない方がいいのは、読む人にとって知らない言葉だったら、文章を書いた意味がなくなるからだ。ここでも最初の原則が生きてくる。

文章は伝えるためにある。伝わらない文章は存在する意味がない。

ユーモアの気配が感じられる文章を書く

たとえ仕事の文章であってもユーモアの気配はあった方がいい。読みやすくなるからだ。オーガニックな文章は一読すると素っ気ないように感じる。素っ気なさを補うためにも、ユーモアをどこかに入れておく、あるいはゆったりとしたリズムを文章につけることでユーモアの気配をかもしだす。

気をつけなくてはいけないのはユーモアと聞くと、文章のなかに冗談、笑い話、ジョークを入れてしまう人がいることだ。ユーモアと冗談、笑い話、ジョークは別のものだ。わたしは「文章で人を笑わせろ」と主張しているのではない。

読み手が「読み進んでいくのに、苦労がないな」と感じればそれでいいのである。仕事の文章は堅苦しい色彩のものがほとんどだ。だから、読みづらいものになりやすい。真面目な内容、堅苦しい意見であっても、「ふむふむ」と読み進んでもらうために含有させるのがユーモアである。

また、ここでいうユーモアとは文章のなかにダジャレや語呂合わせを入れることでもない。ありきたりな言葉遊びもいらない。「このロゴにあるTにはTokyo,Team,Tomorrowの3つの意味が入っています」などといった幼稚なことはやらなくていい。

ついでにいえば新商品や新プロジェクトのネーミングを伝える時、仰々しい擬音語を入れるのはやめてほしい。「ジャジャーン」などと書いてはいけない。

こういうことはすべてユーモアではない。自分だけが面白いと思っている狭い世界の符丁だ。大勢が理解できない符丁はユーモアではない。

さて、ユーモアの反対語とは何だろうか。「悲しみ」でもなければ「ストイック」でもないと思う。ユーモアの対極に位置する言葉は「自慢話」だ。自慢がいっぱい入った文章にユーモアはない。ユーモアの気配をにじませた文章とは、右の話に加えて自慢話を書かないということだ。

もう一度、まとめておこう。この4項目がビジネスマンがめざす文章の柱だ。

●何を書くかをはっきりさせる。
●簡潔に、明晰に書く。
●プレーンに、オーガニックに書く。
●ユーモアの気配をにじませる。

これらの点を押さえておけば、あとはただPCの前に座るだけだ。

3　わたしの文章修業

名著を先生にする

スペインの画家にフランシスコ・ゴヤという人がいた。

ゴヤは「わたしの師は3人いる」と言ったことがある。

「レンブラント、ベラスケス、そして、自然だ」

ゴヤに倣《なら》って言えば、わたしの師は文藝春秋社の新井信さん、作家の沢木耕太郎さん、そして、本である。

文章を書くには本を読まなくてはならない。内容、書き方、文章のスタイル、何度も読んで真似ることから文章の修業は始まる。

何冊も本を読み、そのなかから真似するべき点を見つけることだ。

わたしが本を読んで真似したもっとも大切な点は、読み手がゆっくりと読むことができるリズムを体得することだった。

詳しく解説する前に、ゆっくりと読むことのできる文章をいくつか紹介しよう。

〈一昔ほど前に、しばらく理科の教師をしていたことがある。「以前教師をしていましてね」と言うと、ほとんどの場合「え」と驚かれる。いかにも教師には向いていない質《たち》に見えるらしい。今じっくり考えてみても、向いていなかったのは事実である。まちがいない（自分で断言するのもなんだが）。

あるとき担任をしていたクラスの女の子に、「先生は、いつもほかのこと考えてるでしょう」と言われたことがあった。「クラスのこと熱心に考えてるように見えるけど、実はあらぬことばっかり考えてるに違いないとあたしは思うんだあ」女の子は、いたずらっぽい表情で続けるのだった。

そ、それは。ず、図星。心のなかで、私はうなった〉（『ゆっくりさよならをとなえる』川上弘美　新潮文庫）

〈しかしとある瞬間、それまではアップテンポな曲がガンガンかかっていたのが、急にバラードへと変わったのです。フロアからはすーっと人々が引いていき、残ったのはカップルだけ。そしてカップル達は、抱き合うようにして、身を揺らしているではありませんか。

突然の異変に、

「なになに、これどーなってるの？」

と兄に問えば、

「チークタイムだよ」

とのこと。その時間は、カップルでねっとり踊ることになっているのだ、と。気がつけば照明も暗くなってミラーボールも回り、何やら淫靡な雰囲気です。（略）

私がチークデビューを果たしたのも、その時に兄の友人と、ということになります。それはこっ恥ずかしいことこの上ない体験であり、いやーな汗が背中を伝ったことだけ、覚えているのですが〉（『携帯の無い青春』酒井順子　幻冬舎）

〈僕は貝殻石に近い流れに立ちこんで、友釣をしながら老人の釣を観察した。年は七十歳から八十歳の間と見た。パナマ帽を後ろの木の枝にかけ、静かに竿先を上げ下げしているが、左手が不自由であることがわかった。鮎が釣れると竿尻を膝に当てて右手で竿を立てる。すると、お婆さんが竿を受取って、ゆっくりと手元から抜いて行き、鮎が攩網《たも》に届くところまで来ると、竿を老人の手に渡す。（略）

お爺さんとお婆さんは、ドブ釣の醍醐味を、代り番こに区切って味わっているわけだ。どちらも口をきく様子がないが、お互に相手が次にどんな動きをするか心得ている。（略）一尾の魚で二人が同時に快楽しているものと見えた。

「むしろ、いやらしいみたいだな。しかしあの老人、長年の友釣で中気になったんだろう。釣師も六十の年になったら、友釣を止さなくってはいけないな。俺はまだ六十にはならないんだ」

僕はそう思った。それを今でもはっきり覚えている。あのとき、僕は腰まで水につかりながら、せかせかした気持になっていたことも覚えている〉（『晩春の旅・山の宿』井伏鱒二　講談社文芸文庫）

川上弘美さん、酒井順子さん、井伏鱒二氏。3人とも名手だ。言葉の選び方、句読点の打ち方、漢字とひらがなの混ざり具合、冗談やジョークがないのに、そこはかとなくユーモアが漂うこと……。

しかも、オーガニックな文章になっているうえに、読者はゆっくりと読むことができる。テクニックの詳細は別の章で詳しく触れるとして、わたしはこの人たちの文章からはさまざまなことを学んだ。彼らが書いた本を何度も繰り返して読んだ。加えるなら、文章を学ぶためにわたしが読んだのは森鷗外の本、そして村上春樹氏が翻訳したものである。

長めの文章を書くとき、いまでもわたしはこうした名手たちの本を読む。じっくり読んで彼らの文章のエッセンスと調子を脳に刻み込む。それから、文章を書き始めると、自然のうちに彼らの文章のリズムが入ってくる。

本を読むという行為は文章を書くためにもっとも必要なことだ。

一流編集者の指導法

繰り返しになって恐縮だが、わたしが初めて書いた本は『キャンティ物語』だ。幻冬舎が創業した直後の1994年、見城徹氏が「引き受けます」と言ってくれた。

先にも触れた通り、ほぼ1年にわたってこの本の原稿を直してくれたのは文藝春秋社の新井信氏である。

新井さんがしてくれたのは次のような指導だった。

●文章のいらない部分を削る。
●文章の構成を直す。
●間違った表現を直す。
●書き足りないところをつけ加えるよう、指示する。

●直しが終わったら、本になった場合と同じ文字数、行数でプリントアウトする。そうして全体を見渡して、文字面のデザインを直す。

「デザインを直す」とは漢字とひらがなの混じり具合を検討するということだ。漢字ばかりが続いたり、ひらがなばかりが続くと読みにくくなるし、ページ全体が汚く見える。美的なセンスがないと、いい文章は書けないことも教えてもらった。いずれも、「文章教室」では教わらないし、「文章読本」には書いていないことだ。

わたしが原稿を持っていくと、新井さんが受け取る。その日、わたしはそのまま帰る。しばらくすると、葉書が届いて、「この部分はこう直した方がいい」という助言が書いてある。週に2～3通の葉書が届いたこともあった。わたしは葉書を見ながら文章を直し、1ヵ月に一度、持っていく。それを6回くらい繰り返してやっと最初の原稿が完成した。

別の章にまとめた具体的な文章作法は新井さんから教わったことが基本になっている。

沢木耕太郎さんの教え

沢木耕太郎さんにはさまざまなことを教わった。「文章を書いています」と言ったら、「それ読んでもいい？」と彼が言った。雑誌記事のコピーを渡したら、その後しばらくして、喫茶店でいろいろ話をしてくれた。「こんな本が参考になるよ」「これはどうしてこう書いたの？」。親身な指導だった。

そんなある日、「大切なことを教える」と電話があった。

「君の文章を読んだよ。低い調子の文章で決して悪いものではない。ただ、決定的に足りない点がある」

わたしはどぎまぎしながら質問した。

「決定的に欠けているのはどういうところでしょうか？」

「野地くん、文章はどういうものであっても、1ヵ所だけ色っぽい部分が必要なんだ。君の文章にはそれがない」

当時、沢木さんは『深夜特急』の第3巻を書いていた。執筆にすべての時間を使っていた。それなのに、わたしが電話をして、「ここはどうすればいいんですか？」と訊ねたら時間を割いて教えてくれた。

いまわたしにそういうことができるだろうか。おそらくできないと思う。

さて、「色っぽい部分がない」と言われたわたしはどうしたか。

そこから考えた。

「色っぽいといっても、それはセックスシーンのことではないな」

当たり前だ。沢木さんが文章につねにセックスシーンを入れている事実はない。色っぽいところとは、読者が読んでいて気を惹《ひ》かれる部分のことではないか。魅力的な箇所とも言えるし、何度も読みたくなる部分と言ってもいい。だからといって、名言をちりばめろということでもない。もっと言うと、わたしの文章は抑制的だったけれど、平坦だった。いつも同じペースで、リズムが崩れたところがなかった。どこか1ヵ所だけは意図して色っぽい部分を作らなくてはいけないのだ。それがプロの文章だ。

きっとそういうことではないかと思った。以来、わたしは色っぽい部分を最低1ヵ所は入れるようにしている。これはプロにとっては非常に実用的な教えだと思う。

ここでわたしが言いたいことは「文章を教わるのならばちゃんとした先生が必要だ」ということだ。

できれば現役の作家、現役の編集者がいい。売れた本を出している人たちであれば最高だ。教わらない方がいいのは態度がデカい人、上から目線の人である。そういう人に文章を習うと、知らず知らずのうちに自分も上から目線の文章を書いてしまう。上から目線の文章はいかに正しい文章だとしても、読んだ人が好印象を持つことはない。わたし自身、そうした文章にならないよう、つねに気をつけている。

形容詞は文章が腐る

新井さん、沢木さんに文章の書き方を教わり、その後は自分でも気をつけるようになった。たとえば形容詞、形容動詞の使い方である。

開高健氏は「形容詞を使うと、その部分から文章が腐っていく」と言った。形容詞ばかりの文章は長持ちしないということだ。事実は残る。しかし、形容詞は書いた人の印象だ。書いた人の印象ばかりが並んだ文章は読むに堪えない。形容詞は、ここぞというときに効果的に使う品詞だ。

流行の言葉を使った文章

流行語も形容詞に似ている。言葉が流行している時はいいけれど、時間が経ったら、やはり腐る。流行語は短時間で陳腐化するのである。

「ホットなヤング」とか「コギャル」といった言葉はかつて流行《はや》っていた。しかし、いまは時代遅れだ。文章のなかに流行語が入っていると、文章自体の賞味期限が短くなる。また、文章のなかにたとえひとつでも時代遅れの表現があると、全体が古いものだとみなされてしまう。北米から来たサードウェイヴのコーヒーチェーンで、マキアートを飲みながらＰＣでメールチェックし、かつ、スマホで音楽を聴くというマルチタスクをこなしながらも、この文に超絶同意した人は「マルチタスク」や「超絶同意」はやはり使わない方がいいと思う。

文章は長く読んでもらうことを前提として書くものだ。流行語は避けること。流行語を使う人を見ていると、持ってはいない若さを所有しているふりをする老人のようだ。その姿は決して美しいとは言えない。

コロケーションと慣用句

「合いの手を打つ」「一矢を返す」「嫌でも応でも」「悦にはいる」

いずれもコロケーションの誤用だ。わたしは以前は平気で誤用していた。いまとなっては恥ずかしい限りである。

正しくは次のように書く。

「合いの手を入れる」「一矢を報いる」「否でも応でも」「悦に入《い》る」

慣用句も大切だ。

慣用句は日常的に使う日本語表現だ。「爪の垢を煎じてのむ」「褌《ふんどし》を締め直す」……。ただし、「お前、褌を締め直して頑張れ」と日常的にしゃべる人はあまりいないだろう。なかには古臭い表現もあるから、老若男女が理解できる慣用句を用いるようにする。

句読点の打ち方

「句読点は意味の切れ目で打つ」

それが原則だけれど、じゃあ、どこで打てばいいんだというのが大方の人の疑問ではないか。

前述したように、わたしは意味の切れ目はあまり気にせず、呼吸の切れ目に打つ。推敲した時に句読点が多いなと思ったら、いくつか取り去る。基本的には少なくしようと思って文章を書いている。

横書きのモニター、スマホ画面で1行の文字数が多くはない場合、句読点はさらに減らしていい。極端に言えば、文末の句点（。）はどうしてもいるけれど、読点（、）は限りなく少なくていい。

また、わたしが意図的に読点を使うのはひらがなの単語が重なって読みにくくなった場合だ。

「あしたたまごを4つ使って目玉焼きとスクランブルエッグとかきたま汁を作る」

こういった時は、「あした」と「たまご」の「た」がダブって読みにくくなるので、読点をはさむ。文のなかで、ひらがなが続くことは少なくない。この判断は覚えておいて損はない。句読点を減らすためには深呼吸してから文章を書く。なるべく息を続けるようにして書く。それだけで句読点は減る。

相撲とうなぎの共通点とは

わたしが文章の書き方を学ぶために自分で考えて実行に移した方法がある。

それは「うなぎ屋を何軒も取材して、文章にすること」だった。

どうして、そんなことを思いついたのか。ヒントは音楽評論家、吉田秀和氏のエピソードだった。

美術やクラシック音楽の評論で知られる吉田氏は相撲が大好きで、興行期間中は毎日、テレビでの観戦を欠かさなかったという。そして、吉田さんは相撲の取り口を書くことで、文章力を養った。

相撲は裸の男が相手を投げたり、押したり引いたりするスポーツだ。決まり手は82種とされているけれど、大半は押し出し、突き出しといった基本の技である。やってみるとすぐにわかるが、素人が書くと単調なものになりやすい。

読み手が飽きないように取り組みの模様を書くには違いを際立たせなくてはならない。相撲についての知識、加えて観察力と表現力が必要だ。もちろん語彙が豊富でなくてはならない。文章の幅、奥行きを鍛えるには格好の素材と言える。

そこで、わたしは思った。相撲を書いてみようかな、と。しかし、やめた。吉田氏ほど相撲好きではない。それに、同じことをやるのはクリエイティビティに欠ける。

相撲とは違う素材はないか。何か単調なテーマはないか。思いついたのが、うなぎ屋の描写だった。すし、てんぷら、そばはメニューがいくつもある。すしを書くのならば、鮪、小肌、穴子などそれぞれのネタを取り上げればバリエーションは豊富だ。てんぷらだって、そばだって、メニューは多い。書くことはたくさんある。

ところが、うなぎ屋のメニューはせいぜいかば焼きと白焼きしかない。

「う巻きがいい」なんて書いても、うなぎが好きな人は反応しないだろう。結局、かば焼きについて、書き分けなくてはならないのだ。これは相撲より難問ではないかとわたしは思った。事実、難問だった。どこかの雑誌に発表するあてはなかったけれど、プロになる前、うなぎのかば焼きについて何本もの原稿を書いてみた。

うな重を食べながら、店の主人に話を聞いた。わずか2～3分の取材だ。スーパーで売っているかば焼きの味も書いた。タレのこと、うな重のご飯のこと、肝吸いにも言及した。そうして、30軒ほどもうなぎについて書いた。どこにも発表はしていない。

うなぎを書くことを通じて、わかったことがある。観察力だ。じっくり眺めていると、当たり前だけれど、どの店のうなぎも同じではない。焼き色もタレも身のやわらかさもすべて違う。表現力はたいして鍛えられたとは思わないが、観察力はついた。書く前に大切なのは対象を眺めることだ。画家がスケッチにのぞむのと同じ気持ちで見ればいいのである。

2

文章の書き方　実践編

4 準備から執筆まで
――うまい文章の書き方 その1

ここからは実用文の具体的な書き方について述べていく。

一口に実用と言っても仕事の文書だけを指しているわけではない。雑誌に原稿を書きたい人、本を出したい人にとっても参考になる技術だ。実用の文章も芸術作品も文章は文章。基本の構造、表現形式はそれほど違うわけではない。

さて、一般のビジネスマンが書くのは報告書、企画書、あいさつ状、申請書、商品の仕様書、解説書といったものだろう。このうち申請書、仕様書、解説書などは書式が決まっているから空欄に文字を書きこむと思えばいい。

問題は報告書、企画書だ。特に報告書はさまざまなものに分かれる。たとえば長期に出張した場合の報告書など、詳細に書こうと思えばきりがない。しかし、ＳＮＳの時代になったのだからいままでよりいっそう簡潔、明晰でなくてはならない。

また、これまでは仕事の文書はプリントアウトした書類だった。しかし、5年後、10年後にはもうプリントアウトした書類を読む習慣はなくなっているかもしれない。簡単な報告書はすべてモニター画面かスマホ、タブレットになっていると思った方がいい。

ただし、画面で見るようになったとしても、書く内容、表現は同じ日本語である。現在と大きく変わることはない。

書くことを決める（あるいは課題をもらう）

まずは準備である。繰り返すが、スタートは「何を書くか」、テーマを決めることだ。

出張へ行ったら報告書を書く。商談の出張だったら、何が目的で、それが達成されたかどうかがテーマになる。視察の出張だったら何を見てきたかがテーマである。

テーマはひとことで説明できなくてはならない。商談だったら、商品が売れたか売れなかったがテーマである。それについてだけ書くこと。

また、仕事の文書の場合は課題を与えられることが多い。営業報告書などはその代表例だろう。これもまた売れたかどうか、クライアントを獲得したかどうかがテーマになる。このように、仕事の文書の大半はテーマに困ることはない。創作とは違う。

ただ、テーマがつかめない文書もある。それが企画書だ。企画自体があいまいだったら、企画書を書くことができない。文書を書く前に企画を明確に決めることだ。

そして、ひとつの文書にはテーマを2つも3つも入れてはいけない。

「カレー店の出店計画、その店で出すスイーツの提案、さらに、その店で使う新しい決済システムの企画書」

こんなものを書いてはいけない。それぞれ1枚にする。もしくは「カレー店出店企画書」のなかにスイーツ、決済システムというそれぞれの項目をつけ加える。ひとつの文書にはひとつのテーマを書くのが基本だ。いろいろ詰め込んだら、読んだ人は「この人の頭は整理されていない」と思う。文書の説得力が弱くなる。

資料の収集と取材

書くことが決まったら、次は資料を集める。人に対面してインタビューしたり、現場を見に行ったりすることを取材というが、取材の目的は資料を確保することだ。人に会いに行くこと自体は目的ではない。

資料もさまざまである。以前はまず書店か図書館へ行って文献を探したものだが、いまではネット検索が一般的だろう。そして、検索して得た資料で文書を執筆するのもまた一般的だと思われる。ただ、ネットに出ている情報は信頼性に欠ける場合がある。文献資料も加えることが必要だ。

資料のなかで、もっとも価値があるのは専門家に会ってインタビュー取材をすることだ。取材はジャーナリストだけの特権ではない。小説家、詩人、画家、医師、教師、料理人……誰もがやっている。SNS時代になったからこそ、文書に魅力をつけ加えるには専門家の肉声や意見が欠かせない。特に企画書を執筆する場合、企画に立体感をつけ加えようと思ったら、文書に専門家の見解が入っていると効果的だ。

そうなると取材の申し込み方、インタビューの仕方を解説しなくてはならなくなるのだが、このふたつを書くだけでゆうに一冊の本になってしまう。ここでは簡潔にポイントだけを記すことにとどめておく。

取材を申し込むのにわたしは手紙を書いている。中身も自筆だ。わたしの肉筆は「ウサギの糞みたい」と言われるくらい、ちっちゃくて、ころころした文字だけれど、それでも万年筆を使って手紙を書く。15枚もの便箋を使って依頼状を書いたこともある。メールや電話やSNSで取材を申し込むこともあるけれど、手紙が多い。

誠実さと熱意を表すには肉筆の手紙がいまもいちばんだと思っている。

アポイントメントが取れたらインタビューになる。話はずれるけれど、アポイントメントのことを「アポ」と省略することはやめておいた方がいい。「言葉を軽々しく使っている人」だと思われる。そういう人がいい文章を書けるはずはない。

インタビューの最中は丁寧な言葉遣いと礼儀正しい態度を保つ。相手が語りたくないことに触れる場合も態度は変えない。相手が企業の社長であっても、市井の人であっても、同じように接する。むろん、質問する内容は事前にメモをしてから行く。

検索した資料、文献、取材して得た資料。つねにこの3つを揃えてから書く。それもできるだけ多くの資料を揃えること。

わたしがライターになってすぐの頃の話である。文藝春秋社の一室で原稿を書いていたら、大家のTさんがいた。Tさんもまた執筆の最中だった。様子を見ていたら、Tさんは時々、個室から出てきて、編集者を集めては何事かを伝えて部屋にまた戻っていく。いったい、何をしているのかと聞き耳を立ててみたら、次のような要求を伝えていた。

「7という数字を使う慣用句、語彙、エピソードをそれぞれ7つずつ考えて、オレに教えてくれ」

宿題を与えられた数人の若手編集者はそれぞれ7のつく言葉をメモして、Tさんのところへ持っていった。

「なるほど、そうやって、慣用句や語彙を増やしているのだな」

わたしは感心した。しかし、Tさんが書いた原稿が雑誌に載ったのを見たら、7のつく言葉などどこにもなかった。編集者にとっては徒労だったかもしれないが、資料を集めるとは、これくらいの執念で集めることをいうのである。

仮に執筆中であっても、締め切り間際であっても、あきらめることなく資料を探す。それを文章にいかす。ただし、すべてを書くことはない。集めたものをすべて使うことはない。

辞書を引く

文章の素人は書いている時にわからない言葉が出てくると国語辞典を引く。引かない人も大勢いる。

プロは知っている言葉でも辞書を引く。使い方、用例を参考にしたいのだ。

辞書を引かずに文章を書くのは丸裸でアメリカの海兵隊に立ち向かうようなものだ。少しでも、ひっかかったら辞書を引く。ネットの辞書でもかまわない。

ただし、百科事典ではなく、国語辞典がいい。

わたしはネット上の国語辞典の記述を3種類くらい読む。読んでいると面白いからすぐに時間が経ってしまう。

構成案を作る――文・文章・段落

テーマが決まり、資料が整ったら執筆だ。その前に全体像をひとつの紙にまとめる。むろん、ＰＣでやってもいいけれど、わたしは紙にえんぴつで書く。書いたり消したりするし、空いているスペースにメモしたりするからＢ４の紙1枚を使っている。

ボリュームのある文書には大勢の人物が出てくることが多い。その場合、構成案とは別に人物のプロフィール表、簡単な年表も用意するべきだろう。執筆の役にも立つし、報告書に添えておけば読む人も助かる。ひとつの文書に大勢の人が出てくるとなかなか名前が覚えられない。モニター画面で書く場合には人物写真、動画も添付するといい。

具体的に構成案の説明をする前に、基本的な用語についてもおさえておきたい。

文とは文字で書かれた一連の言葉のこと。普通は主語と述語からなる。英語ではセンテンス。

文章とは文がまとまった単位。ひとつの文だけのこともあるが、通常はいくつもの文の集まりとなっている。英語ではコンポジションもしくはアーティクル。

段落とは文章の連なりを内容によって分けたものだ。段落の区切りは始まりの行の最初の文字を1字下げて書き始めることでわかる。英語ではパラグラフ。

センテンスとパラグラフという言葉は聞いたことがあると思うが、コンポジションという言葉を聞いたことのない人の方が多いのではないか。

逆にコンポジションを英和辞典で引くと、真っ先に出てくるのは、構成、構成物という単語だ。つまり、センテンスをいくつか使って構成したものがコンポジション。コンポジションが内容によってひとかたまりになったものがパラグラフ。

いわゆる文章とはこの３つの構成要素を自在に使ってまとめ上げるものだ。

モニターあるいはスマホ画面で文章を読む時代になってから、わたしが気づいたひとつの変化は段落が小さな単位になっていることだ。昭和40年代に出た本（縦書き）を開いてみると、ひとつの段落はどれほど少なくとも10行以上だ。目分量で見て、いずれの本も十数行から20行の単位でひとつの段落となっていた。

しかし、いまの本はそうではない。数行から10行ぐらいまでが1段落で、なかには1行から3行程度でさっさと改行されている本もある。スマホ画面の場合は1行が終わったら、次の行が空いていることも少なくない。

なぜ、段落のボリュームが少なくなっているかといえば、それはモニター画面では横書きが一般的だからだ。わたしもそうだけれど横書き画面になったら、改行を増やしたくなる。

それは紙を見ているのではなく、モニターを見ながら書いているので、文字の塊が続くと読みにくくなる。それで、ついつい改行してしまう。

電子書籍がさらに普及したら、改行はますます増えていき、段落はさらに小さな単位になると思われる。

起承転結はビジネス文書に向かない

日本人は小学校の国語の時間に「文章は起承転結で書く」と習う。作文の授業で起承転結を叩きこまれるから、大人になっても癖が抜けない。文章といえば構成は起承転結と思い込む。

わたしはそれがよくないと思う。とにかく起承転結を忘れることだ。それに尽きる。

起承転結という構成形式は漢詩の七言絶句、五言絶句から来ている。

「起」で、あるテーマを取り上げる。

「承」で、どうしてこのテーマを取り上げたのか背景、事情などを書く。

「転」では、立場や見方を変えて、テーマを論ずる。

そして、「結」では起承転までの記述を使いながら、結論を導き出す。

この形式で上手にまとめることができれば読んでいる人の琴線に触れる文章ができるだろ

う。起承転結は絶句という文学が生み出した構成形式だから、うまくいけば名文になる。だが、ビジネスの内容を素早く的確に伝えるための構成ではない。どちらかというと、起承転結は人の心を感動させるための文章構成だ。

わたしは仕事の報告書で上司をうるうるさせる必要はないと思う。ちゃんとした文章を書くことは重要だ。だが、上司がうるうるになるのは商品が売れた時、クライアントが獲得できた時だ。文学的な起承転結の構成から離れて、素っ気なく事実と意見をまとめればそれでいい。

なぜ、仕事の文章に起承転結が向かないのか。

文学的な構成という他にふたつの理由がある。

ひとつめである。文章が書けない人を見ていると、すでに「起」の部分でつまずいていることが多い。

「上司がうなるような書き出しから始めよう」などと、いらぬ欲心を起こすから、最初の行が書けない。だから、時間がかかってしまう。

ふたつめは読む側の要求だ。忙しい時代であり、文書を読む側の上司はさまざまな仕事が山積みになっている。報告書や企画書を読む時、最初の文章が凝りに凝った書き出しだとしたら、げんなりしてしまう。

部下を呼んで、「いいから、早く結論を書け」と告げるに決まっている。起承転結で書くよりも、早く結論を書いた文書の方が上司には好まれる。提出された文書を読むクライアントだって、気持ちは同じだろう。

「前置き、結論、説明」の3部構成

そこで、わたしがすすめるのは、前置き、結論、説明からなる3部構成だ。

次の文章はその構成で書いたものだ。わたしが連載で書いた、ある居酒屋の記事である。名前は変えてあるから海坂製麺という居酒屋は存在しない。

〈幸せ食堂繁盛記　海坂製麺

うどん屋ではありません。（見出し＋前置き）

海坂製麺は開業してから10年経った。

『始めた頃は、うどん屋さんですかとよく聞かれました。丸亀製麺と間違えたんでしょうね。ですから、いつもこう答えていました。

違います、うちは居酒屋です。ただし、ラーメンは出してます。〈結論〉うどんは出していません』

店主が語るように、同店は居酒屋だ。鮮魚の刺身、冷奴、冷やしトマト、豚ロース肉と玉ねぎの炒め、ねぎチャーシューといったメニューが並ぶ。つまみの値段はいずれも290円。漬け物、ポテトサラダ、枝豆などはもっと安くて150円。

名称に製麺と付いているのは嘘ではない。店主は同店で出す中華そばの麺を小麦粉から手打ちしている。〈説明〉〉

原文はもう少し長いし、まだ続く。

まず、前置き部分は「うどん屋ではありません」だ。

結論は「うちは居酒屋です。ただし、ラーメンは出してます」だ。それ以外の部分が結論を支える説明である。

このように、仕事の報告書ではなくとも、前置き、結論、説明の構成で文章を書くことはできる。ただし、ずいぶんと素っ気ない印象にはなる。ただ、この記事はオンラインの読み物だ。スマホで読む人も多いだろう。読者は写真と併せて読む。文章は素っ気なくとも、読者は料理の写真を見て想像力を働かせる。その代わり、写真はひと目見たらわかるものだけを使うことにしている。

前記の文章には店主のポートレート、鮮魚の刺身、豚ロース肉と玉ねぎの炒め、ラーメンの写真を添えた。いずれもキャプションがなくとも何が写っているかがわかる写真ばかりである。

仕事の報告書でもこれからは写真や動画を添付するようになっていくだろう。その場合はどういう写真を使うか、どういう動画をどれくらいの時間で流すかも考えて文章を書かなくてはならない。写真で説明できるものは「写真を参照」と書いておけばいい。

前置きの書き方

前置きは短く書く。場合によっては、そのまま見出しにもなる。

その文章のテーマを短くまとめるのが前置きだ。企画書の場合であれば、なぜ自分がこの企画を考えたかを書く。報告書の場合は、「社命により、都内ラーメン店を50軒、食べ歩いた結果について」など、与えられた課題を書いておく。

わたしは企業の報告書を何度も読んだことがある。友人の会社(上場企業)の監査役をやっていたこともあるし、社外役員もやった。会議に上がってくる報告書をずいぶん読んだけれど、文章の上手下手を問う以前に、与えられた課題を充分に理解していない人が少なくなかった。課題をちゃんと理解していないのだから、結論も説明も大きく間違ってしまう。課題を与えられたら、報告書を書く前に文字にして、上司に確認を取ることだ。そうしないと、企画書、報告書をまとめる意味がない。与えられた課題を前置きに書くことだ。前置きはその人本人の理解力を示すものでもある。

結論とは何を指すのか

ひとつの報告書例を見てみよう。

調査報告書
タイトル（前置き）
六本木ミッドタウンの近隣物件にシアターレストランを開設すると利益は上がるのか。

（前置きの続き）
当社は飲食事業でいくつもの業態を持っている。ただし、専門店だけだ。
Ａ不動産から「六本木ミッドタウンの近隣に３００人は入る規模の物件が空いた。規模が大きいため入居する企業がない。家賃を１年間、３割引きにする。５年契約で入居しないか」という提案が寄せられた。

新規開発担当のハナヤマ専務とMTG(ミーティング)。専務から次の指示があった。

「当社が得意としているラーメン、牛丼、カレー専門店では300席は集客できない。ライブエンタテイメントを入れたシアターレストランはどうか?」

指示を受けて、当職が調査、分析した。

結論
・シアターレストランの出店はやめるべきと思料します。

調査概要と結論に至った理由(説明)
調査は1週間、A不動産担当者、六本木を地元とする不動産業者、ライブエンタテイメントに詳しい業界紙記者に面会して話を聞きました。
1 当該物件は地下1階。最後に入居していたのは水槽内に泳がせた魚を調理する活魚レストランだった。オープン当時は話題となったものの、3ヵ月も経つと客が来なくなり、鮮魚の鮮度を疑われるようになり、客が激減。閉店となる。
2 六本木を地元にする不動産業者の聞き取り調査をしたところ、当該物件では以前にマジシャンを置いたレストランを経営した人がいたとのこと。結果は半年で閉鎖。もともと、当該物件は飲食には向いていないと考えられる。

3　ライブエンタテイメントに詳しい記者に聞いたところ、次のような話だった。

「シアターレストランが成功する条件は魅力的なキャストが出演すること。料理がいくらおいしくても客はやってこない。魅力的でつねに300人を集められる芸能人、タレント、ミュージシャンといった人々にコネがあれば成功の可能性もある」

分析

専門家の話を聞いた上に、業界紙、専門資料を分析しましたが、記者が言うように集客できるタレントを手配できない限り、成功しません。当社の得意とする調理、サービス技術を生かすことのできる物件とは思えません。

以上。

営業企画次長　山口龍之介

※　物件写真を5葉添付。インタビュー資料も添付。

さて、この報告書はむろん架空のものだ。わたしは全体の長さはいいと思う。ついでに言えば、1週間くらいでこの調査が済み、報告書が上がってきていれば、よくできた方だと思う。

ただ、いくつか問題はある。いちばん大きなそれは結論が正しくないことだ。文章としては合格だけれど、「この企画はできません」では、上司は納得しないだろう。つまり、この文書で言えば、執筆者はさらにハナヤマ専務に突っ込んで話を聞くべきだった。

「調査した答えはやるかやらないかだけでいいんですか？」

「この物件で儲かる飲食スタイルまで調べなくていいんですか？」

このふたつを聞いておくべきだ。

実は上司が知りたいのは「どうやったら儲かるか？」だ。上司はここにある結論よりも先の答えを知りたいのである。

たとえば、次のようなことだ。

●不動産業者は家賃を1年間、3割引きにすると言っているけれど、それはさらに継続できるのか。
●それでもシアターレストランをやるとしたら、どういうミュージシャン、あるいはアーティストに出演してもらえばいいのか。コストはいくらくらいなのか。
●さらにいえば、シアターレストランが無理だとすれば、どういう業態の飲食店ならば3

○○席を埋めることができるのか。もしくは飲食業以外の業態で物件を借りるべきなのか。

上司とのミーティングで、これくらい細かいところまで突っ込んで聞くことが前提だろう。

かゆいところに手が届くまで書いて仕上げるのが仕事の文書だ。課題の確認とは、ここまでやることなのである。

ただ、このように課題を徹底確認してしまうと、やることが増えてしまい、報告書も長くならざるを得ない。その場合は「見出し」を入れる。見出しは段落の数にして5つ～6つでひとつ入れる。見出しを増やすことで長い文章を読みやすい形に変える。見出しは数字ではなく、文字にする。内容の抜粋、あるいは印象的な言葉を抜き出すなど、見出しの表現は書いた人の創作能力による。

事実は多めに　意見は短めに

前記の報告書で目についた、もうひとつの問題点は事実と意見を混ぜながら書いてあることだ。たとえば次の箇所。

「六本木を地元にする不動産業者の聞き取り調査をしたところ、当該物件では以前にマジシャンを置いたレストランを経営した人がいたとのこと。結果は半年で閉鎖。もともと、当該物件は飲食には向いていないと考えられる」

事実部分は、「マジシャンを置いたレストランが半年で閉店した」こと。

意見部分は、「もともと当該物件は飲食に向いていないと考えられる」という箇所だ。

このふたつはひとつの段落のなかに入れないことだ。事実を書いてから、導き出された意見を書く。意見は事実より短くていい。

報告書、企画書に限らず説得力のある文章にするには正しい事実を固めることであり、複数の事実を並べることだ。

最初から「この店はダメだ」という意見を書いても、読んだ人は「どうしてだろう？」と考えてしまう。読んだ人が「そういうことなら、この物件でシアターレストランは不可能だ」と思うような確固たる事実を集めてくる。読み手が事実を読んでいるうちに、自分で結論を導き出すような文章をめざす。文書の説得力は事実をどのくらい集めてくるかで決まる。

事実には3種類ある。

ひとつは自分が見た、あるいは現場で知った事実。前記の報告書でいえば執筆者が水槽のあるレストランもしくはマジシャンがいたレストランに行ったことがあれば、それは事実になる。行ったことがなければ不動産業者の話を聞いただけだから、これは聞いた事実。一般に、人が事実と考える情報はこのふたつだけれど、書籍もしくは資料で読んだものも事実のひとつである。

ネット上に事実として記述されている情報も事実の一種だ。だが、情報の確度は低い。事実を文書に入れる場合は、それが本当にあったことなのか、誰が言ったことなのかをチェックする。出所がわかるように書く。

結論の書き方

仕事の文書でもっとも大切な部分は結論だ。結論は短く。あいまいな文章は書かない。事実を引くのはいい。美辞麗句で飾ったり、結論が自分自身の自慢にならないよう、それに加えて理屈っぽくならないように書く。

ローマの哲人皇帝、マルクス・アウレリウスは『自省録』(神谷美恵子訳　岩波文庫)のなかで、次のように戒めている。

「詭弁術《ソピスティケー》に熱中して横道にそれぬこと。理論的な題目に関する論文を書かぬこと。けちなお説教をしたり、道に精進する人間、善行にはげむ人間として人の眼をみはらせるようなポーズをとらぬこと。修辞学《レートリケー》や詩や美辞麗句をしりぞけること。(略)手紙を簡単に書くこと、（略）饒舌家たちにおいそれと同意せぬこと」

哲人皇帝が生きていた時代は１８００年以上も前のことだ。羊皮紙やインクは現在よりもはるかに高価だったと思われるが、それでも長くて退屈な報告書を書いていた人は数多くいたのだろう。

哲人皇帝を失望させないためにも、わたしたちは、結論の文章は短く書く、格好をつけずに書く、理屈っぽくしない——の３点は肝に銘ずるべきだ。

長い文書の構成

仕事の文書は単純な構成で短くまとめる。これが鉄則だけれど、「1年間の海外駐在の報告書」といったような文書は物理的に長くなってしまう。結論も本来は1行で書くのが理想だけれど、ひとつの結論だけではすまされないものになってしまうだろう。そうした場合はどうやってまとめていけばいいのか。

結論が数点ある場合は1行にしたものを箇条書きにする。

たとえば、次のような形になる。

前置き　六本木の中心地区に優良物件があり、当社に格安で貸してくれる。その物件をどういった用途で運営すると利益が上がるか。
結論1　物件をシアターレストランにはしない。
結論2　シアターレストランではなくライブシアターとして運営する。
結論3　ライブシアターとする場合、芸能プロダクションとの共同経営にする。
調査概要と結論に至った理由
（ここは長くなるので例文は割愛）

こうして、結論をいくつも並べればいいけれど、せいぜい5つまでではないか。それ以上、書いたら、おそらく上司は「整理してこい」と言うだろう。

的確でチャーミングな見出しをつける

さて、この文書の場合の「結論に至った理由」部分の書き方だが、長い文章になると思われる。その場合は見出しを入れる。

たとえば、次のような見出しだ。

「六本木ではシアターレストランは成功しない」

書いてある内容がわかる1行を抜き出す。もしくは要約した文にする。

読んだ人が「この部分には、こんなようなことが書いてあるのだな」とわかる1行にするのが通例だ。見出しは雑誌などを見ると、内容の抜粋ではない場合がある。見出しをつける編集者は読者が読みたくなるようなチャーミングな言葉を使うからだ。

そういう見出しも間違いではない。ただし、センスのある人でなければやらない方がいい。

「六本木ではシアターレストランは成功しない」

これが内容を抜粋した見出しだとする。雑誌編集者だったら、たとえば、次のような見出しにするかもしれない。

「シアターレストランなんてもう古い、それよりも……」

つまり、書いてある内容の先にあることを見出しに用いている。そうすると、読む人間は文章の先を早く読みたくなる。長い文章を読ませる場合のひとつのテクニックだ。こうした考え方は雑誌記事だけでなく、仕事の文書にも適用できる。なんとしても口説きたいクライアントに見せる企画書の見出しをつける場合の参考になるだろう。

的確でチャーミングな見出しをつけるには言葉に対するセンスを磨くしかない。雑誌、ニュースアプリなどを見て、センスのある見出しだなと思ったものを書きつけておく。地味で手間のかかる作業だけれど、それをやるしかない。

では、センスのある見出しをどうやって見分ければいいのか。

ヒントがひとつある。

見出しに、ダジャレやオヤジギャグを多用する人は言葉のセンスはない。

作家の山口瞳氏はサントリー宣伝部にいた時、同僚と次のような申し合わせをしたという。

「宣伝コピーにダジャレや語呂合わせを使うのは極力よしておこう」

彼らがダジャレや語呂合わせをしなかったのは、それが安易で陳腐な解決法だからだ。しかも、誰もがふたつやみっつは思いつく解決法でもある。宣伝コピー、商品のネーミング、記事のタイトルや見出し……。こうしたものをダジャレで解決しようとする人間はクリエイティブスピリットに欠ける。クリエイティビティとは陳腐から遠ざかる道を模索することではないだろうか。

書いてから削る

ここからは文章の書き方、まとめ方である。

文章を短く書くにはコツがある。書き始めから要点をしぼって書こうとするのは難しい。それよりも、最初は構成案を見ながらひと通り書いてみる。そして、Ａ４用紙で2枚くらいにまとめたとする。その後、削っていってＡ４用紙に1枚の文書にする。一度、文書を完成させてから削るわけだ。これはプリントアウトした文書の場合である。企画書であれ、報告書であれ、Ａ４用紙で1枚にまとめる能力を養う。

では、モニター画面の場合はどれくらいの分量が適当か。基本的にはスクロールすることなく、1画面にすべての情報が記載してある状態が望ましい。

ただ、1画面に載せられる文章、写真、動画は設定によって変わってくる。

標準的なワープロソフトのＷｏｒｄにおけるテキスト設定を見たら、横書きの場合、1行の長さが40字で、1画面は36行になっていた。ただし、パソコン画面には36行全部は出てこない。せいぜい30行だ。また、標準設定だと文字が小さいので、拡大している人だと25行くらいしか1画面にはおさまらない。

そうすると、ひとつの画面に載る文字の量は40字×25行として１０００字といったところになる。

わたしたちがめざす目標は、どういった内容の文書であれ１０００字で説明することだ。特にパソコン、スマホで人に読んでもらう文書の場合はそれが目安であり、上限だろう。プリントアウトする場合でも極力、Ａ４用紙1枚をめざす。

わたしはオンラインメディアに寄稿する場合、２０００字程度が多い。印刷媒体ならばもっと長く６０００字は書く。

いずれの場合にせよ、最初に書いたものを2回、削る。推敲しながら原稿を2割から3割は削っていく。削り方としては、要するに本質だけを残して、飾りはすべて取る。ダブっている説明はどちらかだけにする。意見も同じ内容のことを違う表現で述べていたら、どちらかを削る。もしくはふたつをひとつにまとめる。

よく、国語のテストで短文を読ませた後、「80字以内でまとめよ」という問題が出てくる。実際には1000字の文章を80字にはできない。まとめというより、長い見出しをつけるような作業だ。削る場合は1000字を700字から800字にする。つまり、最初に書いたものを2割から3割、削るといったところだろうか。半分、削ってしまうと内容が変わってくる。削るとすれば多くて3割だ。

文書を仕上げるにはただ書くだけでなく、削る、書きなおすという作業がなくては完成しない。書きなおすことを嫌がっていては完成が遠のくだけだ。わたしはまず自ら書きなおし、その後、他人の指摘をもとにして、また書きなおす。

削るための勉強

イスラエルの情報組織についての研究書、『イスラエル情報戦史』（佐藤優監訳　河合洋一郎訳　並木書房）にはこんなことが書いてあった。

「有能なインテリジェンス・オフィサーは皆、詩を読まなければいけない」

同書の解説には、インテリジェンス・オフィサーは敵国の文化を理解しなければならない、そのためには、その国の詩を読む必要があるとしている。監訳した佐藤優氏は「詩は短い言葉で本質を伝えるものであり、かつ、行間を読む勉強になる」と言っている。

ビジネスマンを始めとして詩を読む習慣のある人は少ないだろう。けれども、短い文章を上手に書く、あるいは文章の削り方を覚えるには詩を読むのがいちばんだとわたしも思う。ただし現代詩がいい。俳句、短歌はまた別のものだ。

現代詩も難解なそれは必要ない。日常の言葉で書いてあるもの、行間に意味が含まれているものにしておく。わたしが読んでいる詩は井伏鱒二、茨木のり子両氏の作品だ。

「現代詩？　しかも井伏鱒二に茨木のり子……。ふたりとも有名だけど、商売の文章に役立つのか？」

そう思う人はいるだろう。

だがとても役に立つのである。

良い詩を読んでいると文章のリズムをつかむことができる。文章のリズムを体得すれば説得力が増す。たたみかけるように相手を説得することができる。

リズムのない文章は退屈だ。たとえいいアイデアでも平板な文章では相手が読むことをやめてしまう。

詩を読むとビジネスに役立つのである。

どちらも日常で普通に使う言葉で書かれてある。そして、ふたりともに描写力、行間に意味を含ませる表現力がある詩人だ。ふたりの詩を読んでいると、登場人物の顔かたちがくっきり浮かんでくる。

以下の詩はいずれも文章の技術を高めたい人、削るために文章の本質を見つけたい人にすすめたい。

ちなみに詩集を買ったら、最初のページから最後まで順番に読むことはない。時々、詩集を手に取って、ぱらぱらと2、3編を読めばいい。わたしはそうやって読んでいる。詩集を30冊は持っているけれど、全部を通して読んだものは数えるほどだ。まったく読んでいない本だってある。

〈逸題　井伏鱒二

今宵は仲秋明月
初恋を偲《しの》ぶ夜
われら万障くりあはせ

よしの屋で独り酒をのむ

春さん蛸《たこ》のぶつ切りをくれえ
それも塩でくれえ
酒はあついのがよい
それから枝豆を一皿

ああ　蛸のぶつ切りは臍《へそ》みたいだ
われら先づ腰かけに坐りなほし
静かに酒をつぐ
枝豆から湯気が立つ
〈以下略〉（『厄除け詩集』講談社文芸文庫）

以下略としたのは、作品すべてを引用してしまうのはマナーに反するからだ。すべてを書き写してしまったら、井伏氏の詩集を買おうという人が少なくなるかもしれない。

全体を読みたい人は古本でなく、アマゾンの中古本でもなく、書店で新刊を購入してください。

同じように、茨木のり子さんの詩もまたすべては引用しない。

〈花の名　茨木のり子

（略）

女のひとが花の名前を沢山知っているのなんか
とてもいいものだよ
父の古い言葉がゆっくりよぎる
物心ついてからどれほど怖れてきただろう
死別の日を
歳月はあなたとの別れの準備のために
おおかた費やされてきたように思われる
いい男だったわ　お父さん
娘が捧げる一輪の花
生きている時言いたくて
言えなかった言葉です

〈以下略)〉(『鎮魂歌』 童話屋)

ふたつを読んで学ばなくてはならないのは、短い文章で人に伝えたいことを表現する技術である。さらに読んだ人をリラックスさせる文章の書き方、そして、改行の仕方、漢字とひらがなの使い方も勉強になる。

両氏は難しい言葉を使わずに、繰り返し読むことのできる文章を書いている。口に出して読むとリズムのよさが際立つ。詩は繰り返し読めるものであり、リズムを大切にする芸術だ。自分でもいくつか習作を書いてみるとさらに勉強になるだろう。

5　SNS時代のビジネス文書

　SNS時代になって、文章は横書きが主流になった。そして、近未来には紙の文書さえもなくなり、PC画面、タブレット、スマホで文章を読むようになる……。

　わたしはそう書いた。けれども、最後まで縦書きの日本語が残るジャンルがあると思う。それが慶事、弔事にかかわるビジネス文書であり、特に社外へ送るそれは縦書きのままだと思われる。

　たとえば、会社の代表取締役を務めた人物が亡くなったとする。社葬を行わなくてはならない。その案内をメールだけで通知することはまずありえない。社葬の案内だけではない。新会社の設立、新社屋の披露、周年行事の開催といったそれは新興の企業でもやはり縦書き文書を作成して、社外へ送付するのではないか。

　礼儀作法を重んじる会社は封筒、便箋のデザインにまでこだわる。さらに封筒に貼る切手もわざわざ記念切手を入手して貼りつける。大変な手間ではあるが、わたしはそういうことを評価する。ビジネス文書を作成して送付するならば、そこまで徹底的にやった方がいい。相手は必ず「なるほど」と思ってくれる。

このように、社外に送るビジネス文書については書類、手紙の礼儀作法を重んじるべきだ。それは自分のためというよりも相手のためだ。ネット上にある文書例のなかからもっとも礼儀作法を重んじる例文を見て、それをアレンジして作成するのがいい。

ただし、それはあくまで社外に送る文書の場合だ。社内に周知するための情報を紙にプリントして配付する会社はだいぶ少なくなっていると思われる。社内連絡はパソコンのモニター上で行われるのが一般的になりつつある。その書式はネット上に載っているビジネス文書例よりもさらに簡略化されていて、表題と内容が書いてある程度だろう。

ビジネス例文集の活用

社内文書を書く場合の注意は、社外に出すよりもさらにオーガニックに書くことだ。情報、判断だけを簡潔に書く。そして、後輩が読んで、「あの人の文章はわかりやすい」「手本にしたい」と思われるようなものにする。

社外に出す文書についてはさまざまな文例がネット上にある。それを使えばいいのだけれど、現在、ネットに出ている文例、またビジネス書籍として販売されている文例はややカジュアルすぎるように感じる。

前項で触れた社葬のような弔事、会社行事の案内などは相手が「ずいぶんとかしこまった文章だな」と感じるくらいがいい。

それでは、どうすればかしこまったビジネス文例を見つけることができるのか。

わたしは人からもらったビジネス文書をいくつか持っている。それを参考にする。あるいはネットもしくは古本屋で昭和40年代頃の「ビジネス文書例文集」を探して購入すればいい。そのなかに載っている文例を参考にしながら作法にのっとった文書を書く。出す相手が明治時代からの財閥企業であろうが、官公庁であろうが通用する文書が作成できる。

「新興のＩＴ企業なのに、ちゃんとした文章が書けるんだな。教養のある人間が働いているんだろう」と思わせることができる。

ビジネス文書の基本は礼儀作法にある。そして、新興の企業こそ礼儀作法に通じていると社外から評価される。

なお、この本では社内文書の例には触れない。繰り返すが、社内文書は簡略でいい。情報、判断を短くまとめて一斉メール、あるいは個別メールで送ればそれで済むからだ。

あいさつ（着任・交替）の文書

まずは、あいさつの文書について。ここではビジネス例文集のなかに見つけたものを改稿してある。

謹啓
初春の候、かぶと山様におかれましてはますますご清栄のこととお慶び申し上げます。

さて、私こと、もみじ川新太郎（株式会社東京第四銀行山形支店長）は、このたび寺田啓二の後任として東京築地支店の支店長に就任いたしました。

つきましては、前任の寺田に負けないよう、御客様本位の営業姿勢を貫くつもりでおります。一層のご愛顧を賜りますようお願い申し上げます。

どうぞよろしくご指導ご鞭撻のほどお願い申し上げます。

まずは、略儀ながら書中をもって、ご通知かたがたご挨拶申し上げます。

謹白

平成〇〇年〇月〇日
株式会社東京第四銀行
東京築地支店　支店長
もみじ川新太郎

通常の文書であれば、「御客様」は「お客さま」とした方が読みやすいだろうが、ビジネスのあいさつ文書であれば漢字でかまわない。文尾が「申し上げます」のオンパレードだけれど、こういった文は型通りのものだから気にしなくていい。礼儀作法とはつまりは型だ。型からはみ出て個性を主張しなくていいのである。ただし、受け取る相手が新興企業の人、若い人であればもう少しカジュアルな方が親切かもしれないが……。

実は、前記の文章には間違いがひとつある。それはなかに出てくる人名「寺田啓二」が「寺田啓」と「二」のふたつに分かれていることだ。人名あるいは単語を中途で改行して、人名や単語が文尾と文頭に分かれることを「なきわかれ」という。

現在のビジネス例文集には「なきわかれ」についての注意は載っていないことが多いけれど、昭和の時代にはそういう手紙を書いたら、上司からこっぴどく叱られたものだ。

人名のなきわかれは読みにくいだけでなく、なかに出てきた人物に対して非礼になるので、やってはいけない。加えて、人物の名前はなるべく文頭に来るように配置する。自分の名前が相手の名前よりも上に記載されないように、文章を仕上げるのが礼儀作法にのっとったやり方であり、そのために文章のテクニックを駆使する。

たとえば「お慶び申し上げます」を「およろこびもうしあげます」というふうに文字数を増やして、先方の名前を文頭に持ってくるように配慮する。

いまでこそ人名や単語のなきわかれを気にする人はほとんどいないけれど、昭和の時代は新聞広告のコピーでさえ、「お客さま」という文字が文尾に来ることはまずなかった。

人名、単語のなきわかれをふせぐには観察力をつける。文のなかにある漢字とひらがなの配分に留意して、人名、単語がふたつに分かれないように作文する。この場合、文の終わりが凸凹になってもかまわないが、なるべくひとつの文が同じ文字数になるよう努力する。

人名、単語のなきわかれをふせぐために文章を書くことは相当な訓練になる。どういった種類のビジネス文書であれ、この原則を適用して書いていく。観察力、文章のデザイン能力は間違いなく向上する。

お礼と感謝の例文

わたしはビジネスの文書のなかで、謝罪、お詫びの次に大切なのがお礼と感謝の文書だと考えている。

なぜなら、この文書は相手に「幸せ」を届けるものだからだ。

「ありがとうございます。あなたに出会えたことに感謝します」という文書をもらって、「このやろう、ふざけるな」と怒り出す人はいない。かといって歓喜の絶頂に達する人もいないだろうけれど、「感謝」を伝えられると、誰しも、ほんわかとした感情が心のなかに芽生える。だから、わたしはビジネスシーンではお礼と感謝の文書はどんどん出した方がいいと思っている。また、この文書は相手が好意を持ってくれるきっかけともなりうる。長い目で見たら、営業の文書であり、ラブレターでもある。

なお、お礼と感謝はメールよりも封書にした方がいいだろう。さらに直筆の文書であれば効果は倍増する。

謹啓

向春の候、ますますご清栄のこととお慶び申し上げます。

かねてより一方ならぬご厚情にあずかり、厚く御礼申し上げます。

さて、過日は弊社が開催いたしました新車発表会にご臨席いただき、まことにありがとうございました。

かぶと山様には特に新車○○の燃料電池モジュールの設計についておほめいただき、開発部長の原田は感激しております。まことにありがとうございました。また、日ごろから御行、東京第四銀行の皆様にはお力添えをいただき、心から感謝しております。

代表のもみじ川を始め、弊社社員は御行にご厚情を賜り、「よし、がんばるぞ」の意気で仕事に熱中しております。

今後とも、東京第四銀行の皆様のご期待に添えますよう、社員一同、力を結集して社業に尽くす所存ですので、なにとぞ末永くご愛顧くださいますようお願い申し上げます。

まずは略儀ながら書中をもって御礼申し上げます。

謹白

お礼、感謝の手紙では文章の最初と最後の礼儀作法を守ってさえいれば、中間部分は多少、くだけた表現であっても、先方が怒りだしたり、非礼なやつだと非難されることはまずない。ただし、文章がさまになっていないと、幼稚なやつだなと思われることはある。

文書をもらった側の立場になってみると、カジュアルな表現でも感謝の対象になる具体的な内容が書いてあった方が嬉しいものだ。前記の文書で言えば、「発表会においでくださってありがとう」よりも「燃料電池モジュールの設計をほめてくださってありがとう」の方がはるかに嬉しいのである。

つまり、お礼と感謝の文書を書くに際しても観察力がいる。儀礼的な文章よりも「私はあなたのこういう点に感謝したいのです」とひとこと入れた方が相手は確実に喜ぶ。

相手が何をしてくれたのかを知り、しかも、的確に指摘しなければならない。そうして、読んだ相手に喜んでもらうことがこの種の文書の目的である。

お礼、感謝の文書にはたくさんの種類がある。来場に対するお礼の他、品物を贈ってもらったことに対するお礼、人物や取引先を紹介してもらったことに対するお礼、食事をごちそうになったことに対するお礼と感謝……。いずれも文書の始めと終わりは礼儀作法にのっとったものにする。そして、中間部分では具体的な感謝のポイントを書く。書いた人のセンスと気持ちはそこにあらわれる。

相手に何かを依頼する文書

ビジネス文書のなかでも書く機会が多いのが取引や仕事の依頼をする文書だろう。何度か会ったことのある相手に対してはメールで送ってもいいけれど、初対面の人に対して、「お願いがあります」とメールを送るのは、礼を失している。

相手から「メールで送ってください」「ファクスで欲しい」などと言われていないかぎり、初対面の人に対しては文書を郵送するべきだろう。そうして手間と誠意を尽くしたら、相手は好感を持つ。相手に「こいつと会ってみたい」と思ってもらわなくてはならないのだから、手間をかけ、誠意を尽くす。ささっとメールを書いて、送信ボタンを押すだけでは誠意にならない。

まずはひとつの例文を読んでいただきたい。

謹啓
盛春の候、ますますご清栄のこととお慶び申し上げます。
先日は私どもの代表、かぶと山権之助が御社、原田様に大変お世話になりました。厚く御礼申し上げます。さて、その際、弊社代表から、あつかましくもお願いした御社グループの札幌「すし紫本店」をご紹介いただく件でご連絡をいたします。
御社の皆様はご存じと思いますが、弊社は創業して20年、毎年、着実に成長しております。取引先も120社を超え、寿司店用厨房機器、特に寿司ネタ用冷蔵ケースでは業界ナンバーワンとも言われるまでになりました。

ご紹介いただくあなた様にはご迷惑をかけるようなことは決してございません。その点は私どもの代表、かぶと山から明確に指示されております。

近日中に弊社担当の○○を参上させますので、よろしくご引見のほどお願い申し上げます。

重ね重ね、ぶしつけなお願いではありますが、まずは書状をもってお願い申し上げます。

末筆ではございますが、御社のますますのご繁栄をお祈り申し上げます。

謹白

依頼の文書で大切なのは先方の警戒心を解くことだろう。何かを頼む相手は初対面のケースが多い。知らない人に対しては誰もが警戒心を抱く。先方が初対面の人に感じる警戒心を解き、安心してもらうためにはこちらを知ってもらわなくてはならない。

会社の規模、社歴、業務実績といったことは最低限、書いておくこと。つまり、依頼の文書に必要なのは自己紹介だ。

自己紹介をする際に気をつけなくてはいけないのは自慢にならないこと。

「うちの会社はこんなに儲かっている」

「オレはこんなに偉いんだ」

実績を述べることと自慢することは似て非なるものだ。謙遜しながら実績を書く。

また、会社からの依頼として初対面の人に文書を送る時は会社案内を同封するといい。「当社のホームページのURLは次の通りです」では不親切だ。社史のような大きなものではなく、薄いパンフレットを1部、文書とともに送る。

前記の文書では煩雑になるから書いておかなかったけれど、「なぜ、あなたに会いたいのか」「なぜ、札幌のすし紫本店（筆者注：実在しません）を紹介してほしいのか」を書くといい。それも、本音を書くこと。

すし紫本店が業界では知られる有名店ならば、そこに触れる。酢飯の味が日本一であれば、その通りを書く。そうすれば、相手も悪い気がしないし、紹介者も「よし、そういうことなら一肌脱ごうじゃないか」と思うだろう。

依頼の文書は自分自身の紹介であるとともに、相手の魅力を書くことがポイントだ。

依頼を断る文書

依頼の文書を送ったからといって、先方が必ず仕事を受けてくれるとは限らない。誰だって都合がある。なんでもかんでも引き受けるわけにはいかない。そういう場合は返事として依頼を断る文書を書いて送らなくてはならない。

承諾の文書は簡単だ。

「ありがとうございます。やります」といった内容にすればいい。

その場合、丁寧さを重んじて「やらせていただきます」と書く人がいる。しかし、「～させていただきます」は丁寧な表現ではない。自分の意志ではなく、相手に請われて腰を上げたというニュアンスが付きまとってしまう。どちらかといえば上から目線の言葉なのだ。だから稚拙な響きは残るけれど、承諾する時は、「はい、喜んでやります」「わかりました。お目にかかります」と積極的な表現にした方がいい。

一方、依頼を断る文書は簡単ではない。断りの文書をもらった人は間違いなく不機嫌になるし、がっかりする。それを考えると、断りの手紙を書く場合の要諦とは、なるべく相手をがっかりさせないような内容にすることだろう。

それには断る理由をちゃんと書くこと。しかも、その理由が「これなら仕方ないな」と思ってもらえるようなものであるべきだ。依頼を断っているのだから、相手の機嫌は良くはならない。しかし、少なくとも納得してもらえればそれでよしとする。

謹啓

桜花の候、貴社ますますご隆昌のこととお慶び申し上げます。

さて、このたびは弊行との新規取引のお申し込みをいただき、まことにありがとうございます。

さっそく検討させていただきましたが、はなはだ残念ながら貴意に添いかねる仕儀となりましたことをご報告申し上げます。

貴社につきまして、業務内容、社歴などを検討いたしましたが、本社所在地が賃貸事務所とのこと。残念ながら弊行の取引基準では本社所在地は代表者もしくは法人が所有する物件のみとさせていただいております。

せっかく、お申込みいただきましたのに、ご希望にお応えすることができずまことに心苦しく存じますが、なにとぞご了承のほど、よろしくお願い申し上げます。　謹白

断る場合にも押さえておかなくてはいけない点がある。

まずは冒頭で明確に断る。そしてなぜ、断ったのかの理由を添える。

それも「こういった事情なら仕方がないな」という理由をつけて断る。

例文にあるように新規取引に限ったことではない。相手が提案してきたビジネスプランを断る場合でも、機嫌を損ねないように、その人の立場に立って断る。そして、できれば、「うちではこのプランは採用できませんが、他県であれば可能かもしれません」といった相手のためになる提案をつけるといい。しかし、実際にはなかなかそういう提案はできないのだが……。たとえば、メガバンクの担当が「うちでは口座は開設できませんが信用金庫ならＯＫです」とは書けない。

文章に冷淡さが出ないように表現を工夫することも必要だ。依頼を断ったからといって、何も敵味方に分かれるわけではないのだから、なるべく早く返事をすることも忘れてはならない。時機を失してから断ると、いっそううらまれることになる。

いくつかのビジネス文書の書き方について説明してきたけれど、社外に出す文書を書くときのコツは「送られた側の身になる」ことだ。つまりは読む人を意識して書く。そう考えれば、ビジネスの文書といえども読者という存在を念頭に置くことが大切だとわかってくる。作家やライターが書く文章もビジネス文書も作成するうえでは、それほどの差異はないと思った方がいい。

企画書の書き方

企画書については何十冊も本が出ているくらい、書き方については幾通りもある。わたし自身、『企画書は1行』(光文社新書)という本を出し、各界の18人が書いた企画書を取り上げたくらいだ。その時に企画書について考えた結果、ひとつの結論に達した。

それは、「いい企画書」とは「採用される企画書」だということである。見出しがキャッチーであっても、採用されなかった企画書は手本にならない。同じように、いかに流麗な文章でつづられていても、いかに書いた本人がいいアイデアだと思っていても、採用されないそれは紙クズに等しい。

採用されるためには相手を知らなくてはならない。相手が必要としているものを考えなくてはならない。

相手を見て、相手のことを考えて書く文書の典型が企画書といえよう。その際、相手とその状況のとらえ方が単純であってはいけない。深い洞察力がいる。わたしは採用される企画書を書いている人とはアイデアマンではなく、洞察力に富む人だと思っている。

次の企画書は正確に言えばインタビューの依頼書である。わたしが書いたなかでも、最難関をくぐりぬけて目的を達成したものだ。

ポール・マッカートニーにインタビューを依頼した企画書

１９９８年の9月に書いたもので、原文は英文である。ただし、幼稚な英文だ。小学校４年生のイギリス人が書いたような文だ。わたしは自分で書いた。『英文手紙の書き方』という本を買ってきて参考にしながら書いた。

当時、ポールはメディアの取材には応じていなかった。それどころかほとんど外部との接触を断っていた。最愛の妻、リンダががんに冒され、３年の闘病の後に他界した直後であり、音楽活動もしていなかった。

だが、わたしはポールにどうしてもインタビューしたかった。その年でないと本の締切りに間に合わないからだ。そこでビートルズを日本に招聘《しょうへい》した伝説のプロモーター、永島達司氏に「紹介してください」と頼みこんだ。

「ポールのインタビューが載るのと載らないのとでは本の売れ行きが違います。お願いします」

何度もそう伝えたら、永島さんはようやく首をタテに振った。

「わかった。頼んでみる。秘書に電話するよ。『とにかくポール本人に読んでもらってくれ』とそれだけは念を押しておく。ただし、企画書を書くのは野地くんだよ。内容はまかせる」

そう言われて、わたしは次のようなものを書いた。

ポール・マッカートニー様（英文では Sir Paul McCartney）

永島達司さんに紹介された野地秩嘉と申します。ライターです。職業として本を書いています。これまでに2冊の本を出版したことがあります。ただ、わたしは音楽ライターではありません。専門は美術です。

このたび、奥さまが逝去されたと聞き、心からお悔やみ申しあげます。

わたしは3歳の時に父を亡くしました。その頃はまだ小さな子どもだったので、悲しい感情は心のなかにはありませんでした。悲しかった記憶はありません。

しかし、大人になって、親しい友人や知人が最愛の人を失ったと聞くと、私の心のなかには父を失った時の悲しい気持ちが戻ってきます。

時間が経ったからといって失った悲しみが消えることはありません。わたしはそう思います。いまはそれしか言えません。あらためてリンダさんを亡くされたことに心からお悔やみ申し上げます。

用件に入ります。この度、永島達司の一生をストーリーにして出版することにいたしました。つきましてはぜひ、あなたにインタビューをお願いしたいのです。

本のなかのハイライトになるのは１９６６年にビートルズが行った日本武道館のコンサートです。あなたには永島氏について、武道館のコンサートについて、ビートルズの仲間についてお話をうかがいたいと思います。

インタビューに対して謝礼は差し上げられません。また、著書印税もわたし個人に帰属いたします。

いつでもロンドンに参ります。ご連絡をいただければ幸いです。

この文書を出して1週間もしないうちに「来てください」と秘書から連絡があった。わたしは飛んでいった。その成果は『ビートルズを呼んだ男』（幻冬舎文庫）に載っている。

わたしがポイントとした点は「ポールの悲しみに共感する」ことだった。人によってはあざといと感じるかもしれない。しかし、わたしが父を亡くしたのは事実だ。また、いくつになっても時折、悲しみがぶり返してきて消えないこともまた本当だ。

わたしはあなたに共感する立場にいますと、ただそれを伝えたのである。

「いまの時期ならば最愛の人間を失うという共通体験を持った男の顔をふと見てみたくなるのではないか」

いいアイデアを書いたのではなく、相手の気持ちを考え抜いた企画書だ。

ちなみに、末尾にお金について書いてあるが、ここもまた忘れてはならない点だろう。仕事の依頼をする場合は本人だけでなく、アシスタント、弁護士が目を通す。お金や付帯条件についてはきちんと書いておいた方がかえって信頼されるのである。

孫さんの高校時代の企画書

次に掲載するのは、ソフトバンクの創業者である孫正義氏がまだ高校生だった頃、面識のない社長に面会を申し込んだ時の文書である。ただし、本人が書いたものではない。他人に書かせたものだ。依頼の文書ではあるけれど、その内容の巧みさ、交渉の上手さを考えれば面会のための企画書と考えられる。

孫さんは地元九州の進学校、久留米大学附設高校を1年で中退し、アメリカへ留学した。

翌年に夏休みで戻ってきた時、彼にはどうしても会いたい人物がひとりいた。

それが当時、日本マクドナルドの社長をしていた藤田田《でん》氏（故人）である。藤田氏は『ユダヤの商法』（KKベストセラーズ）というベストセラーを書いたことがあり、孫さんは愛読者だった。孫さんは藤田氏にあこがれ、自分もいつか起業したいと考えていた。だから、どうしても、ひとめ会いたかったのである。ただし、当時の彼はただの高校生である。

いったい、どうやって面会に成功したのか――。

経緯をまとめると次のようになる。

まず、彼は実家から毎日のように藤田社長の秘書に電話をした。1週間以上も連日、電話をかけたが、まったく相手にされなかった。それで、彼はアポイントも取らずに飛行機に乗り上京、直接、会社に押しかけることにした。孫さんは羽田空港からまた電話をした。出てきた秘書には次のように言った。

「私は藤田さんの著書を読んだ高校生です。愛読者です。いま、羽田空港から電話をかけています。面会したいのです」

もちろん、秘書は断った。

「お約束がなければお通しすることはできません」

しかし、ここからが孫さんの本領発揮だった。

「すみません。ひと目でいいんです。藤田社長がお忙しいことは重々、承知しております。ですから、お話でなく顔を見るだけでかまいません。

3分間、社長室のなかに入れていただければ、私は藤田社長の顔を見ています。私はそばに立って、藤田社長の顔を眺めています。目も合わさない、話もしないということならば社長のお邪魔にはならないのではないでしょうか」

そして彼は企画書を書いた。いや、正確に言えば、その電話を使って秘書に書かせたのである。

「秘書の方、すみませんがメモ用紙を用意していただけますか。そして、もう一度私が言った通りを書いていただけませんか」

書き取らせたのは前述の内容だ。

その後がまた彼らしい。

「すみません、秘書さん、あなたが書きとった文書を電話口でもう一度、読み上げてもらえますか？」

そうして、文章を手直しした。「てにをは」にまで手を入れたと言っていた。そして、秘書に「藤田さんに直接、手渡してください」と注文した。

「ありがとうございました。申し訳ありませんが、私は電話を切らないで待っていますから、いますぐご本人に渡していただけますか。もし、藤田社長が会う時間はないというのならば私はこのままアメリカへ戻ります。どうか渡してください。秘書のあなたが判断することはなさらないでください」

この時、孫正義は17歳だ。ここまで主張を通すことのできる高校生はなかなかいないのではないか。

結局、秘書は藤田氏に企画書を渡した。藤田氏はOKを出し、「15分間会おう」と言った。だが、話は長くなり、結局、1時間近くふたりは話をした。

面会の席で藤田氏は孫さんに「これからはコンピュータだ」と断言した。

「これからはコンピュータビジネスの時代だ。オレがお前の年齢だったらコンピュータをやる」

周知の通り、その後、彼はソフトバンクを創業する。そして、藤田氏を同社の社外役員に迎え、厚く遇したのだった。

孫さんの企画書もまた特別なアイデアの披瀝《ひれき》ではない。洞察力に強固な主張が合体したものだ。

孫さんは「3分でいい」「社長の顔を眺めているだけでいい」という条件を設定した。しかも、彼は当時、17歳の高校生である。高校生がここまで主張したら、大人はイエスと言わざるを得ない。そこまで見抜いて企画書をまとめた。恐るべき洞察力ではないか。

企画書に限った話ではないが、ビジネス文書は特定の相手に対して書くものだ。企画自体がいいものでなくてはならないけれど、それだけでなく相手がそれを必要としているかどうかも考えなくてはならない。アイデアがいいから、文章がいいからといって通るものではない。深く考えてから書くのがビジネスの文書なのだ。

わたしは洞察力がいると書いた。では、人はどうやって洞察力を鍛えているのか。すぐ前の章で書いたように、詩を読むのもひとつの方法である。短い文章のなかにさまざまな意味が込められている詩を読むことは文章を深く理解することにつながる。

洞察力とは観察の結果、相手の心理を読むことだ。そして、心理を読んで自ら行動を起こすことだ。相手の環境、表情、挙措、動作を読む力がいる。

そこでこう思った。

洞察力を鍛えるには能、舞踊といった古典芸能、そして、現代美術の鑑賞がいいのではないか、と……。いずれも難解なものだ。一度や二度、見ただけでは意味がよくわからない。特に現代美術の一部の作品にはたとえ解説が付してあっても、すでに解説の意味さえ理解できないものがある。

難解なものを理解するのに必要なのは観察力、判断力だ。能、舞踊、現代美術を見たことのないビジネスマンは一度、足を運んでみるといいだろう。

仕事を督励する文章

仕事を督励する文章とは部下、社員に向けて書くものだ。書くのは経営者、管理職である。

営業成績が伸びない時、また、年頭や期初といった節目に出すことが多い文書だ。文書を出さず、社員を集めてスピーチで済ます会社もある。だが、ここぞという時は文書にした方がいい。それも、メールしたり、プリントを配ったりする程度では本気とは受け取られないのではないかと、わたしは思う。

本気で社員に訴えたいのならば毛筆で書いて印刷する。正式な文書にして、封筒に入れ、社員の家庭に郵送するべきだ。かつて、キリンビールの営業成績が上がらなかった時、ある営業本部長は檄文を社員の家庭に送り、家族にも目を通してもらった。

「やりすぎだ」という批判もあったという。しかし、それくらいしないとメッセージは伝わらない。

仕事を督励する文章になくてはならないものは気迫だ。気迫をストレートに表現する。強烈な意志を文章にする。だからといって、強い言葉ばかりを並べてはいけないし、シャウトするのもいけない。オーガニックでプレーンな文章のなかに、どきっとさせる言葉をひとつかふたつだけ入れる。静かな文章のなかに刺激的な一節があるから、人はそこに注目する。リズムを意識して、強い言葉を選ぶこと。

こういった文章で手本になるのはユニクロの創業者、柳井正氏のそれだろう。彼が毎年、発表している年頭の言葉は檄文の典型だ。次にあるのは２００７年に彼が書いた年頭の挨拶文であり、まさに檄文だ。

〈今年の会社の標語は儲ける。「儲ける」にしました。
まず私が聞いた逸話からお話をしたいと思います。
昔むかし、日本マクドナルド創業者で伝説の起業家の藤田田さんが
松下電器創業者で経営の神様である松下幸之助さんのところを訪ねました。
藤田さんは幸之助さんに何か一言、と経営の教えを乞いました。
幸之助さんは「それは儲けるということでんなぁー」と答えました。
私はこの言葉を聞いて、さすが松下幸之助はちがうなぁーと感じ入りました。
（略）
基本的な認識として儲けられない会社は存続できません。

特に株式上場企業の場合、すでに会社は商品として市場で売りにだされている状態です。市場での商品としての会社の魅力は成長性と収益性につきると考えます〉（『成功は一日で捨て去れ』 柳井正　新潮社）

柳井さんは厳しい経営者として知られている。いや、恐れられている。「儲ける」というプリミティブな表現をそのまま全社員に伝えている。「前年比で7パーセントの売り上げを勝ち取ろう」よりも、はっきり「儲ける」と口に出すほうが経営者の意志は伝わる。

謝罪文――ビジネス文書で、もっとも大切なもの

仕事の文書のなかで、もっとも大切なのはどういったものだろうか。

これまで挙げたように仕事の文書は報告書、企画書、稟議《りんぎ》書からゴルフコンペの参加者に送る文章まで幅広い。ただし、絶対に間違えてはいけない文書はひとつしかない。しかも、その文書は外部の人間に託すことはできない。ビジネスマンが書き起こして、経営陣が手を入れる文章だ。あるいは経営者自身が書く場合もある。ビジネスマンが文章の勉強をしなくてはならないのは、実はこの文書を書くためだと言ってもいいくらいだ。

その文書とは企業や個人が不祥事を起こした時に発表する謝罪の文章だ。

不祥事など起こさなければ書くことはないと思う人もいるだろう。

しかし、それは不可能だ。どんな会社でも何かしら事件、事故はある。失言する人もいる。犯罪をおかす人だって出てくる。個人の場合でも同様だ。企業も個人も謝罪文の書き方だけは学んでおかなくてはならないのである。

仮に商品の宣伝文が珍妙で、程度の低いものだったとしよう。それでも、商品のスペックさえよければ売れ行きは落ちない。また、社長就任のあいさつ文がどんなに幼稚であったとしても、だからといって不買運動を起こす市民はいない。

けれども、企業が不祥事を起こしたとする。ネットやマスメディアは騒ぐ。企業は何らかのメッセージを発信しなくてはならない。その時、何もしなかったり、また文書のなかにある言葉のひとつふたつが適切でなかったら、誤解を生む。会社は消費者の敵になり、不買運動が起きてしまう。謝罪文と謝罪対応には企業の存亡がかかっている。

いい例がある。かつて存在した雪印乳業という会社がふたつの事件で発したメッセージがそれだ。

2000年の6月から7月にかけて、同社は集団食中毒事件を起こした。広報の対応が後手後手に回ったこともあるし、社外、社員に対してもちゃんとしたメッセージを文章にして送っていなかった。さらに、当時の社長がマスメディアの取材に対して、「そんなこと言ったって、わたしは寝ていないんだよ」と放言した。そうした謝罪の不手際で雪印乳業は解体した。

だが、雪印乳業は過去にちゃんとした謝罪対応をしていた時代もあったのである。さかのぼる1955年、同社は同じような食中毒事件を起こしている。ただ、その時は機敏な対応と謝罪で事件を収束させている。

同年、雪印乳業は北海道にある八雲工場が製造した脱脂粉乳で集団食中毒事件を起こした。その時はすぐに社会に対して謝罪を行った。製品を回収し、謝罪広告を掲載した。また、被害者への訪問も積極的に、素早く行った。加えて、当時の社長は「全社員に告ぐ」と記した社内文書を作成し、配付した。

「信用を得るには永年の歳月を要するが、これを失墜するのは実に一瞬である。しかして信用は金銭では買うことはできない」

当時の社長が立派だったのは、社外に対して謝罪の文書を発表しただけでなく、社内をひきしめる檄文を作ったことだ。こうした文書は社長本人しか書けない。こうした素早い謝罪の行動が奏功したこともあり、当時、雪印乳業のブランドイメージはそれほど傷つかなかった。それにしても不思議なのは２０００年に経営を担当していた社長だ。なぜ彼は先輩社長の事例を見習わなかったのだろうか？

まるでダメな謝罪文の例

謝罪の文書の書き方でもっとも大切なのはどういったところか。ひとつの例を取り上げる。

みなさまへ
今回の一連の問題に関しまして、皆様にはご心配をおかけしております。

今後も、新たな事実が判明次第、速やかに日本の皆様に情報をお届けして参ります。

また、すべてのオーナー様に安心してよりよいカーライフをお楽しみ頂くために、お持ちの弊社の車を、無料で点検させて頂きます。

そして、新規ご購入のお客様には、快適をお約束する、５年間のメンテナンスフリーをご提供いたします。

今後、私どもは、少しでも皆様の信頼を取り戻せるよう、できる限りの努力をしていきます。

これは海外のとある自動車会社が不正を行ったことを謝罪するためにマスメディアやネットに発表した謝罪文だ。

この文書には、いくつもの問題点がある。内容、表現、句読点の打ち方、いずれも正しくはない。

もっとおかしいのは「謝っていない」ことだ。目的をわかっていない担当者が過去の例文を参考にして書いたのだろう。あるいは文書を弁護士に読んでもらい、その指示を入れて書き直したのかもしれない。そこまでの手順は間違ってはいない。しかし、不祥事を起こした謝罪文を作成する場合、弁護士の意見を尊重しすぎると、市民から不評を買うケースがほとんどだ。

一般に弁護士は謝罪を嫌う。具体的な表現で謝罪の意を示すと、補償が必要になってくるからだ。弁護士の意見に従ったら、「申し訳ありません」とか「私たちが責任を持って車を改修します」とは書けないだろう。彼らは絶対にそうは書かせない。

この文書で言えば、防御的な考え方で書かれたために、いったい何のことなのか、何を謝っているのかが判然としないのである。

「一連の問題」では何のことかわからない。また、「皆様にはご心配をおかけしております」は下手な謝罪文の定番だけれど、世の中の「皆様」は誰ひとり、同社のこと、同社の将来、同社の立場などまったく心配などしていない。

一般の人々は同社についてさほどの関心は持っていないし、同社の車を持っている人はただただ改修してもらいたいだけだ。

読み手の気持ちをまったく考えていない文章の典型と言える。まだある。「新規のお客様には5年間のメンテナンスフリー」をお約束しているところだ。謝罪もせず、さらに、車を売りたいと言っているわけだ。しかも、「いま買えば5年間、タダで直します」と利をもって消費者を誘っている。

謝罪の文書ならば謝罪に徹することだ。さらに、謝罪する代表者の名前を入れる。そして、どうして謝罪しなければならないのかを書く。さらに、車の改修などの情報は他の文書で行う。

わたしが謝罪文のことだけをこれほど長く書くのはどこの企業でも他人事《ひとごと》ではないからだ。また、個人であっても、謝罪の文章を書く機会は必ずある。その時にも、しっかりと謝って、さらにこうやって自分の行動を直していくという宣言がなくてはならない。謝罪とその後の行動の宣誓が入っていない文章は謝罪とは受け止めてもらえないのである。

6　文章の表現について
——うまい文章の書き方　その2

ここからは仕事の文書に限らず、一般の文章の書き方について説明したい。小説やエッセイを書きたい人はこの部分だけ読んでもいい。

文章を書くには、どういった言葉を使って話を進めていくか。どういった表現で風景や人物を描写すればいいか。わたしがこれまでに習ったこと、自分で勉強したことをまとめて書くことにする。

言葉の選び方とは

言語表現と言っても言葉の選び方は人それぞれだ。表現にはどうしたって、その人自身の生活が出てしまう。生活以上の文章を書ける人はひとりもいないのである。

たとえばファストフードの牛丼やハンバーガーばかり食べている人に「三つ星フレンチのソムリエについて」の調査を書いてもらっても、的確なものが提出されるとは到底、思えない。

わたしたちは生活の範囲内で言葉や言語表現を使っている。文章には、書いた人の人生、生活、環境がにじみ出してしまうのである。

文章表現を華麗なものにしたいのならば、華麗な生活を送る。質素で清潔な文章を書こうと思ったら洋服や食事で金を散財するのはやめておく。文章表現を変えようと思ったら、まずは日常生活を変えるしかない。

文章の読みやすさは表現による

文章の読みやすさとは何だろうか。

普通に考えると、やさしい言葉で書かれたものだろう。小学校で習った漢字、単語だけでつづられ、しかもひらがなが多用してあるものだ。誰しもそういった文章を思い浮かべるかもしれない。しかし、そういう文章はやさしい文章ではあるけれど、イコール読みやすいわけではない。

読みやすい文章とは読者がそう感じる文章のことだ。書き手が「読みやすいように」書いた文章のことなのである。そのためには、つねに読み手を意識すること。読み手の頭で書き、読み手の目で推敲する。読み手になったつもりで音読してみる。そういう工程を経たものが読みやすい文章であり、漢字を少なくすればいいわけではない。

わたしは読み手の気持ちになって自分が書いた文章を何度も読む。音読もする。ひらがなばかりの文章にはせずに、難しい漢字、古い熟語、テクニカルタームも混ぜる。

漢字については大人でも読めないようなものを使うこともある。ただし、難しい漢字にはルビを振る。時々、読めないような漢字が出てきた方が読んだ後、忘れにくいんじゃないかと考えているからだ。平板な文章のなかに異物として難しい漢字を入れるのはテクニックである。

読みやすい文章の典型を紹介する。

〈ジョン万次郎の生れ故郷は、土佐の国幡多《はた》郡中の浜という漁村である。文政十（丁亥《ひのとい》）年の生れということだが、生れた正確な月日はわからない。父親は悦介といい、万次郎九歳のとき亡《な》くなった。母親の名をシヲといい、寡婦《やもめ》になってからは万次郎等兄妹五人のものを、女ひとりの手で養育した。もちろん赤貧洗うが如《ごと》き有様で、子供たちに読み書きを仕込む余裕などあろうわけがない〉（『さざなみ軍記・ジョン万次郎漂流記』井伏鱒二　新潮文庫）

ここにあるのは小説の文章だけれど、ある人間のプロフィールだ。仕事の文書では人物のプロフィールを付けることもあるだろうからここに引用した。

人物のプロフィールは、これくらい素っ気なくシンプルに書いてかまわない。井伏氏の文章は短いけれど、リズムがいい。また、最後の「子供たちに読み書きを仕込む余裕などあろうわけがない」という箇所は文学の表現だ。仕事の文章ならばここはいらない。「母親に育てられ、決して豊かではなかった」と書くか、もっとストレートに「貧しい少年時代だった」としておくべきか。

まあ、仕事の文書に出てくる相手の貧富を問うことはあまりないと思うけれど、たとえば、あるプロジェクトを頼むクリエイターのプロフィールを書く際、持ち上げすぎて長い文章になることがある。そんな時は井伏氏の文章を思い浮かべてリズムよく、短く書く。

リズムのいい文章は読みやすい。井伏氏の文章を見ると、短い文を3つから4つ続けたら、次はやや長い文にしている。その繰り返しだ。短く、短く、短く書いてから、長い文章にする。文章の基調をこのリズムにしている。ここは真似をすることができる。

書く前にリズムのいい文章を読んでから執筆すると、リズムが移る。わたしもこの箇所を書いている時は井伏氏のリズムに引きずられてしまった。読むという作業は多くの情報が一度に入ってくる行為なのである。

読みやすさとデザイン

読みやすさに大きく関係しているのは文章全体のデザインだ。たとえば、次の文章である。漢字とひらがなの書き分けに注目して読んでみること。

〈はじめての本
小さい頃は本を読まなかった。
本を読むよりも面白いことが、山のようにあった。人形たちの世話もしなければならなかったし、友達と「基地」も作らねばならなかったし、原っぱでバッタ捕りもしなければならなかったし、ぷーぷーラッパを鳴らしながらやって来るおとうふ屋さんを呼び止めもしなければならなかった〉（『ゆっくりさよならをとなえる』川上弘美　新潮文庫）

漢字とひらがなのバランスは作家がもっとも心を砕くところだ。
川上氏の文章はビジネスマンが書く文章よりも、漢字が少ない。ビジネスマンは躊躇《ちゅうちょ》するかもしれないが、漢字とひらがなのバランスはこの文章が手本になる。ＰＣやスマホの画面上で読むとすると、「ひらがなが多いな」との印象を持たれるくらいがちょうどいい。

この文章が読みやすいのは、書いている人が落ち着いて文章をコントロールしている気配が伝わってくるからだ。呼吸もゆっくりしている。読みにくい文章は書き手が息せき切って書いているような印象になってしまっている。それは息が上がっているからだ。長距離を走ってゴールした後のような呼吸で書くと、文章のリズムもそうなってしまう。

句読点が少ないこと、主語が意識的に省かれていることでゆっくりとしたリズムになっている。

また、どういった文書であれ、私、私どもといった主語の文字は頻出するものだ。「私」を、「わたし」に、「私ども」を、「わたくしども」とひらがなにしただけで、文章はやわらかい印象に変わる。そのうえ、リズムもゆったりとしたものになる。

わたし自身は主語をひらがなで書いている。即ち、但し、従って、或いはといった接続詞はひらいて使っている。「ひらく」とは漢字をひらがなにすることだ。接続詞はひらがなにした方が読みやすいと思っているからだ。

ほかにも胡瓜をきゅうりにするなど、野菜、果物《くだもの》はひらがなで書くことがほとんどである。ただし、会話のなかで老人が野菜について語っている場合などは漢字で表記することもある。読んだ人がどう感じるかで、漢字かひらがなかを選んでいる。

リストなどを作ってはっきりと「ひらく」「ひらかない」を決めているわけではない。その都度、考えながら書いている。

はっきりと言い切る

読みやすさは文の内容、末尾とも関連がある。大切なのは、はっきりと言い切ることだ。
「こういった可能性もなきにしもあらずである」
「もしもの場合、その状況は遺憾と受け取るしかない」
「一応は次のように考えられるが、また、逆のケースに陥ることも考慮に入れておかなくてはならない」

上記の文章は役所のまとめた文書に多い表現だ。書いてあることがあいまいで、何を言いたいのかがはっきりしないから読みにくい。「結局、お前の言いたいことは何なんだ」と思ってしまう。

2章の冒頭でわたしが言ったことを思い出してほしい。仕事で用いる文章の目的は、言いたいことを相手に伝えることだ。言いたいことそれ自体があいまいだったら、最初の目的を忘れていることになる。

文章を書く以上、リスクを背負って、はっきりとした言い方にする。文学を書こうと思うのならまだしも、仕事の文章にあいまいな表現はいらない。

頭のなかの映像を説明するように

もう一度書いておく。

いい文章とはどういったものを指すのだろうか。

ひとことで言うと、いい文章とは読んでいるうちに、頭のなかに文章で表現された映像が浮かんでくるものだと思う。

渓谷の紅葉を描いた文章であれば、葉っぱが赤、黄色、橙《だいだい》色に染まった木々の映像が浮かんでこなくてはならないし、人物の描写であればほくろがあるかないか、意地悪そうな顔をしているのかどうかまできちんと表現されていなくてはならない。読み手が現場にいて、情景や人物を見ているような錯覚に陥ってしまうような文章だ。

しかし、そういった文章を書くのはやさしくはない。習得までには時間がかかる。

映像が浮かんでくるような文章を書く際に、やってはいけないことがある。

それはコピー・アンド・ペーストだ。

いわゆるコピペで仕上げた文章では頭のなかに映像が浮かんでくることはない。コピペは文字だけを加工して作った文章だ。文字から文字へ書き写したものだから、書いている人本人の頭のなかに映像はない。文章を読んだ読み手に映像が伝わるはずがない。

わたしは取材したメモ、インタビューをプリントアウトして何度も読む。読みながら整理する。そして、読んでいるうちに、頭のなかに文章にしようと思う映像が出てくる。

そうなったら、資料を読むのをやめてPCに向かう。頭のなかの映像を頼りにして、映像を説明していく。情景、人物の描写を書く時はそういった作業が必要不可欠だ。

本書のように、文章の書き方を伝えるような場合でも資料を抜粋して並べているわけではない。ややこしいけれど、頭のなかに「映像を浮かべる文章に陶酔している自分の姿」を投影している。

そうして、論理の筋道を探しながらまとめていく。複雑な工程のようだけれど、資料を横に置いて、それを読みながら活字を写しとっていくよりも、頭のなかの絵を説明する方が時間はかからない。活字を写しとる作業は意外に手間がかかり、しかも文字を間違えて書いてしまうことがままある。映像の説明ならば、いちいち資料を見ずに書き進んでいくことができる。慣れるとはるかに早く書けるのである。

つけ加えると、原稿を早く書くのは大切なことだ。一流の料理人はできた料理がおいしいだけではない。調理の時間そのものが早い。多くの経験を積み重ねているから、食材を見て、どのくらい加熱すればいいか、調味料をどれくらい使えばいいかがすぐにわかる。調理の速さは経験と判断の的確さの表れだ。一流の作家も同じこと。文章が上手で、しかも、書くのが早い人が一流だ。

感覚的な表現で勝負する時代に

ＳＮＳ時代の文章に欠くことのできないのが、情景、人物、五感、感動の描写といった感覚的な表現だ。

「仕事の文書に感覚的な表現が必要なのか？」

そんな反論もあるだろう。だが遠くない将来に、人工知能がいまよりも発達すると、合理的な文章、データをまとめた論理的な文章は定型化できるようになるはずだ。

データさえ入れれば整理して文章化してくれるソフトはすでに実在している。データを入れたら文章が出てきて、あとはそれを手直しするだけという時代は目の前だ。そうなると、他人の文章との差別化は感覚的な表現、加えて斬新な意見ということになる。たとえ、仕事の文書であっても感覚的な表現を身につけておかないとビジネス社会で生き残ることはできないと覚悟した方がいい。そういう時代は目前に迫っている。感覚表現、感情表現はビジネスマンにこそ必要なのである。

まず、自然の風景を表現することを学ぶ。加えてビル群、空港、港湾、公園など、人工の建築物なども表現できる方法を解説する。ただし基本的には表現の対象が自然でも、人工建築物でも要領は変わらない。

まず、井伏鱒二氏の文章を2例、その後に茨木のり子さんのそれを1例、書き記しておく。情景の書き方の基本が、そのなかにある。

〈私たちは国見ケ丘の頂上でタカチュウ（筆者注　高千穂）の三人の村娘のお給仕で昼食した。丘の上の草原に十畳間ほどの面積に筵《むしろ》を敷き、その上に円陣をつくりタカチュウ村を俯瞰しながら昼食した。（略）

私たちはこの国見ケ丘の眺望に感心した。タカチュウ村には段々畠や傾斜した畑に葉煙草や麻が栽培され、民家には屋根棟に千木が設けられていた。風が吹くと麻畑には寄波のように一面に変色の影が通りすぎる。タカチュウの台地のはずれには、ところどころに断崖の黒い岩角が見えて白く滝が落ちているのも見える。（略）

私たちは国見ケ丘の石像の神様を礼拝して、それから谿谷に降りて行きひんやりする渓流に沿うて何か由緒ありげな川沿いの風景を見物した。あららぎの瀬という渓流には対岸の絶壁の上に樫の木が枝を垂れて密林をつくっていた。流れは岩に衝突して飛沫をとび散らして

いた〉（『晩春の旅・山の宿』講談社学芸文庫）

〈万次郎の乗組んだジョン・ホーランド号は（中略）翌年一八四四年（弘化元辰年《たつどし》）北亜米利加合衆国のマサチウセツ州ヌウ・ベットホールド港に入津《にゅうしん》した。ジョン万はすでに鯨捕りの技術に熟練し、どこに出しても恥かしくない海員になっていた。

ヌウ・ベットホールド港は幅三里、奥行一里の良港で、二百艘の捕鯨船が繋留されていた。民家は五六千くらい見えた。船が着くと交代の船員が短艇《たんてい》で陸から漕《こ》ぎ寄せて、船長をはじめジョン万や水夫等はその短艇で上陸した。戸口稠密《ここうちゅうみつ》して驚くべき繁華な町であった。幅十五六町の大川に巨大な橋が架けられ、刎橋《はねばし》のような仕掛になって大きな船も檣《ほばしら》を立てたまま往来することが出来た〉（『さざなみ軍記・ジョン万次郎漂流記』新潮文庫）

〈無窮花

家の庭の一隅に、木槿《むくげ》の木が一本立っている。

初夏から秋にかけて、白い花を溢れんばかりに咲かせる。外から帰って木戸を押し、ふと目をやると白い花々が夜目にもほの白く燭をかかげたように咲ききわまり、「お帰りなさい」——なのだ。

この木槿を韓国では無窮花《ムグンファ》と言い、国花になっていることを知らない人は多い〉(『ハングルへの旅』朝日文庫)

それぞれの作品を読んで、「さすが作家だ、詩人だ」と感じたところはどこだろうか。

井伏氏の場合は次のような描写が独特だ。

「風が吹くと麻畑には寄波のように一面に変色の影が通りすぎる」

「何か由緒ありげな川沿いの風景を見物した」

茨木さんの場合は次の箇所だろうか。

「ふと目をやると白い花々が夜目にもほの白く燭をかかげたように咲ききわまり、『お帰りなさい』なのだ」

確かに、熟練工のような言葉の連関だけれど、正直に言うと、わたしにはこの人たちが書いている内容が「優れた描写力、表現力」なのかどうかは判断できない。こういうと、ファンの人には怒られるだろうけれど、どちらも独特だ。独特の表現ができるということがふたりの、そしてプロの作家の優位点なのである。感覚を表現するとは、自分の印象をそのまま書くことだ。ありきたりの表現にならないよう心することさえわかっていればそれでいい。あとは、感受性を高める訓練をするしかない。

スペック表記が必要なとき、不要なとき

「でも、どうやって感受性を高めればいいの？」

それには生活の域を幅広くすることだ。いままでやらなかったことにチャレンジしてみること。たとえばこれまでに足を踏み入れたことのない場所に行ってみる。スポーツ観戦が趣味の人はオペラを見たり、美術館へ行ったりしてみる。自分で料理を作ってみる。初体験に挑戦することは感受性を鍛える。

わたしがいまも忘れないのは日本船舶振興会（当時）の人に誘われて、冬の競艇場でレース用のボートに乗ったことだ。怖かったけれど、水の上を走る体験で得たことは多かった。感受性は本を読むだけでは獲得できない。体験しかない。

また、わたしはつねづね感じているが、文章の原則、技法は良い先生から学ぶことができる。しかし、これまでになかった文章表現を創造しようと思うのならば先生や本はアテにできない。これればかりは自分自身の内面からしか出てこない。

ポール・マッカートニーが言っていたけれど、曲の構成やリズムは学ぶことができる。しかし、旋律は頭のなかに浮かんでくるものだ、と。文章表現は音楽で言えば旋律だ。学んだり、真似したりするものでなく、浮かんでくるものをとらえるしかない。

情景描写ではもうひとつのポイントがある。

井伏、茨木両氏は描写をする際、自分たちがその情景を見ている場所を明示もしくは暗示している。

主人公が対象からどのくらい離れているかをちゃんと書いている。素人が書くと、どの位置から情景を見ているのかがはっきりしない。情景を読み手の頭のなかに送り込むには対象との距離感が重要なのだ。

「大きな山」「広い河」と書いたとする。読んだ人はどれくらいの大きさ、広さなのかはまったくつかめない。ひとつの方法としては「多摩川下流の3倍の川幅がある」などと、比較する対象をもって大きさを伝える技法がある。だが、この技法の弱点は、多摩川を知らなければ対象の河川の川幅を想像することができないことだ。

ただし、もう少し深く考えてみると、読み手は必ずしも対象の面積や体積を正確に知りたいわけでもない。

「新疆《しんきょう》ウイグル自治区にある小学校の校庭は東京ドームの15倍の広さを持つ」と書いてあれば、「ああ、やっぱり、中国の学校はデカいんだな」と感じる。それくらいのことを伝えたい時には、面積や体積を事細かく記すことはない。

また、厳密に数字を知りたい読み手に対しては、面積、体積などのスペックを書いておく。仕事の文書で不動産の広さを知らせたいのならば「東京ディズニーランドの半分です」という記述はいかにもまずい。数字を入れるのが常道だ。

井伏氏が「私たち」がどこにいるかを明示しているのは、読み手を文章のなかの同じ位置に持ってくるためだ。

国見ケ丘から高千穂村の全体像を眺めている描写では、読み手も国見ケ丘にいるような気分になっている。そうしてから、あらためて情景や内面の感動を書く。

茨木のり子さんの場合、木槿の木は庭の隅に1本、立っている。詩人の家だからと言うと失礼だけれども、彼女の自宅の庭が東京ドームより広いとは思えない。しかも、木槿の木は庭の隅にある。詩人は木戸を開けて、2メートルか3メートル離れたところにある木槿の木を見ている。そうすると、大木ではないことがわかる。

この場合、「木槿は高さ8メートル」と書いたとする。読む人は「何か8メートルに意味があるのだろうか」と考えてしまう。

情景の描写はなんとなく書くのではなく、自分が見た位置を読者にわかってもらえるように書くものだ。

本書は実用文の書き方について説明したものだ。東京ドームを持ち出す比較よりも、書き手の位置を明示する方がいいと考えたのは、文章がPCやスマホの画面上にあることも想定しているからだ。

たとえば不動産物件の資料や報告書を作成するとしよう。これまでは文書に写真を貼りつける形式だったのが、今後はモニターの画面上に写真、地図、動画などがプラスされる。そうなると、文章で「この物件は東京ドームの半分」と書くのはほとんど意味がない。写真、地図、動画とスペックが書いてあれば、読み手はだいたいの大きさはわかる。ただし、読み手が知りたいことはある。

「この写真（動画）はどの位置から撮影したものですか？」

山でも川でもビルでも、情景は見た場所によって印象が変わる。建物の場合、全体像だけでなく、いくつもの視点から撮影しなければ不動産価値は伝わらない。そのため、文章では、どの位置からどれくらい離れて撮影したものかを明記しなくてはならない。

人物の描き方について

実用文であっても、人物の外見、特徴、性格を他人に伝えることはある。正式な文書もあればメモもあるだろう。人事担当が面接の結果を社内に伝えたり、営業マンが売り込む相手の人物像を上司に伝えたりといったことは、どこの会社でも行われている。また、取引先を宴席に誘う場合、相手の人となりを出席者が共有しておくことは必須だ。

そういう場合、プロはどういった書き方で人物を描写しているのだろうか。

人物を描いた小説の一節を見てみよう。

〈ヘンリー・ドビンズは良い男だ。そして優秀な兵隊でもある。しかし洗練されているとはお世辞にも言えない。アイロニーというようなものも彼には全然お呼びではない。多くの点で彼はまさにアメリカそのものというところである。大きくて強くて、善意に満ちている。お腹のあたりでは贅肉の帯がぶよぶよと小刻みに揺れている。足はのろいけれど、しっかりした足取りで歩き、必要とされるときにはいつもちゃんとそこにいた。彼は単純明快さと率直さと、ハードな労働を重んじた。彼の祖国と同様に、彼もまたセンチメンタリティーに惹かれる傾向があった〉（『本当の戦争の話をしよう』ティム・オブライエン　村上春樹訳　文春文庫）

〈（筆者注　石灰工場の労働者についての描写）

かれらの姿を初めて見た者は、おそらく一種のぶきみさにおそわれるだろう。かれらは男も女も裸で、細い下帯のほかにはなにも身につけていない。また、頭はみなまる坊主《ぼうず》に剃《そ》り、眉毛《まゆげ》もないし、腋《わき》やその他の躰毛《たいもう》もすべて剃りおとしているといわれる。それは石灰粉が毛根に付くと、毛が固まるからだそうで、胸とか腰部を見なければ、男女の差は殆んどわからなかった。

男も女も、逞《たくま》しい軀《からだ》つきであった。髪の毛を剃りおとした頭部が小さくみえるためか、その裸の肉躰の逞しさは不均衡であり、眉毛のないとろっとした眼《め》や、いつもむすんだまま動くことのない唇《くちびる》など、見る者に異常な、非人間的な印象を強く与えた。女のほうはその感じが特にひどい。頭蓋《ずがい》のあらわな不恰好《ぶかっこう》さ、軀を動かすたびに揺れる重たげな乳房、厚く肉付いて、圧倒するような量感のある広い腰、そうして畸型《きけい》かと思われる曲った短い足。茶色にやけた肌《はだ》いちめんに、石灰粉の斑《まだら》にこびりついたまま、前跼《まえかが》みの姿勢でのろのろと鈍重に歩いてゆくようすは、人間というよりも、なにかえたいの知れないけものというようにさえみえた〉（『青べか物語』山本周五郎　新潮文庫）

引用した文章はどちらも文学作品からのものだ。そして、どちらも見たままの事実を描写し、印象はわずかしか書いていない。ここでもまた、句読点の少なさ、漢字とひらがなの使い方に着目してもらいたい。

山本周五郎は石灰工場で裸で働く人々のことを書いている。異様な外見の人々を描いているのだが、まがまがしさを強調しているわけではない。より奇怪な感じを読み手に印象付けようと思ったら、難しい漢字、ネガティブな形容詞を使うだろう。しかし、山本はそうは書いていない。プレーンに見ている。さらにいえば、山本は異形の格好で働かざるを得ない人たちに同情を寄せている。獣という漢字を使わずに、けものとひらがなにしているのは、読んだ人に必要以上の嫌悪感を感じさせたくなかったからだろう。

このように、漢字とひらがなを混淆《こんこう》させるだけでさまざまな効果を出すことができる。特に人物描写では、それが可能だ。老人を書く時には漢字を多く使い、幼児、赤ちゃんを描写する時はひらがなにする。

淡々と描く

ふたりの文にあるように、人物の描写で忘れてはいけないところは冷静に見て、淡々と描くことだ。持ち上げてもいけないし、悪口ばかりを書いてもいけない。それに尽きる。外見、発言を書いて、印象は最小限にとどめておく。噂があれば付記する。

ある人物のプロフィールをまとめるとして、必要なのは次の点だ。

事実の部

●履歴。生まれた年、場所。家族構成。学歴。職歴。友人関係。資産（これは推計でいい）。資格、免許など。

印象と情報の部

●外見。健康状態。評判。性格、食べ物の好み、酒、タバコなど嗜好品について。趣味。

印象と情報の部はネットで検索した後、面接してインタビューする。それができない場合は会ったことのある人（複数）に取材する。そうして、事実と情報をきちんと分けて書く。

人物情報のなかで意外に重要なのが食べ物の好みだ。仕事でつきあうようになったら、一度や二度は食事を共にすることになる。その場合に知っておいて損をしないのが食べ物の好みだ。わたしは以前、鶏肉が食べられないという人を焼き鳥屋に招待して、申し訳ないことをしたと大反省した。

読者のみなさんにはそんな失敗を繰り返してほしくない。人物を描くためには徹底して情報を集める。文章の構成を考えるよりも、集めた情報を右から左に書いていくだけでいい。そして、事実から先に書く。噂や印象は事実の後だ。

さて、わたしはいまでも本職は美術評論家だと思っている。オランダの画家、版画家のM・C・エッシャーのコレクションを管理し、20年近く展覧会を企画、運営した。アフリカのティンガティンガという絵の展覧会を企画運営したこともある。日本画家の千住博氏とは『ニューヨーク美術案内』(光文社新書)という絵画の見方についての本を書いた。

その時に、千住氏はとても印象深い話をしていた。人物のポートレート、つまり、肖像画を見ていた時の話だ。

「ほとんどの人は人物が描いてある絵の場合、まず目を見ます。次に鼻、口、そして顔の輪郭や表情に視線が移動する。それは顔を描く場合、画家が最初に描くのが目であり、次に鼻、口……。つまり、画家が描く順序と観客が見る順番は同じである場合が多い。なるほど目は重要です。目の描き方によって、人物の印象はずいぶんと変わってしまう。怒った表情にするか、笑った顔にするかを決めるのは口元や頬よりも、やはり目の描き方にあります。観客が人物の目にひきつけられてしまうのはもっともなことです。

しかしひとつ提案があります。みなさん、次に美術館へ行った時、人物画の前に立った時、耳に注目してください。ほとんどの方は人物の耳を見ることなく、絵を見終わっているのではないでしょうか。耳は描くのが難しい。けれども、あまり注目されるものではないから、一番手を抜きやすいところでもある。実力も出る。ヘタな画家が描いた耳はヘンな形のものです。レンブラントやフェルメールが描いた人物画の耳を見るといい。一流の画家が描いた耳を見ると、あっさりと上手に表現していることがわかります」

千住氏の話を聞いた後、わたしはニューヨークにあるフリック・コレクションという美術館へ出かけた。そして、館内にある人物画をすべて見て歩いた。レンブラントが描いた「ニコラス・ラッツの肖像」と題された絵があった。その絵のなかに描いてあった耳は確かによくできていた。丁寧に描いてあるだけでなく、右耳と左耳の光の当たり具合まで変えてあった。おそらく、大半の観客はそんな細部まで見ることはないだろう。しかし、レンブラントは自分が見たものをありのままに再現した。

人間は自分の見たいものしか見えていない

人物画の耳を見るようになってから、わたしはひとつのことに気づいた。耳を見る訓練は人物画の耳だけを偏執的に見て歩くことにはつながらない。耳を最初の手がかりとして、顔、目、鼻、それから手へと、全体を丹念に見ていく習性がついた。特にレンブラントの人物画では人物の手をリアルに描いてあるケースが多い。貴族ならば華奢《きゃしゃ》な手を描き、成り上がりの商人ならば武骨なそれにする。画家も作家も人物を見る点では同じ仕事だ。特に一流の画家は人物画のなかに外見だけではなく、その人物の性格や気質まで表している。

わたしが何を言いたいかといえば、人物を書く場合、なんといっても見ることが前提だ。さらっと表面だけを眺めたのでは書けない。丹念に細部まで見ていなければ表現できない。人物画の耳を見ることはわたしにとっては人間を見るための訓練だった。人物を見る時は全体と細部を丁寧に見ることが必要なのである。

また、美術の仕事をしていて感じたことがある。たとえば、展覧会に来る人々は同じ絵を見ていても、感想は千差万別だ。ある人は「全体のバランスがいい」と言う。また、ある見物客は「色がいい」と感心する。このように、人によって、見ている対象はまったく違う。そして、彼らの話をよく聞いてみると、人間は自分の見たいところしか見ていない。全体を見て、細部をできる限り見る人はプロの鑑賞者、つまり、画家、美術評論家くらいのものだ。

絵画に限らない。人が人物を見る場合も、人は自分が見たいと思うところしか見ない。外見にこだわる人は、人物の外見を丹念に見る。外見よりも性格に重きを置く人は性格を知ろうとする。洋服に関心がある人は人物の服装に目が行く。

人物の情報を集めるときはひとりの意見だけでなく、複数の意見を聞くのは、そうしないと、人物の全体像がわからないからだ。情景や物体を眺める時、人の判断はあまり変わらない。しかし、人物を見る時、人が感じる印象はかなり違うのである。

ある人物のプロフィールを書くのならば、ひとりが会いに行っただけでは不完全だ。ふたりで会いに行って、それぞれがどういう印象を持ったのかを合わせた方がいい。

採用の面接を複数で行うのも、同じ理由からだと思う。景色や建築物を見るのと、人物を見ることはまったく違う。景色だって、人によって感想は異なるだろうけれど、人物を見る時ほどの差はない。

動き、動作は省略して書くのがコツ

人物や動物の動き、動作を書くことは文学ではよくある。そして、仕事の文書でも必要なことだ。

たとえば、イベントで担当者がやるべき動作を書かなくてはならない、工場のラインで労働者が工具を使って行う作業を説明するマニュアルもいるだろう。商品につける取扱説明書にも、動作を説明するための表現は不可欠だ。

動き、動作を書く場合、鉄則はすべてを丹念に書かないことだ。書けば書くほど、相手に伝わらなくなる。しかも退屈な印象を与える。

たとえば取扱説明書は動作の描写だ。あれを最初から最後まで熟読した人はいるのだろうか。退屈すぎて読めないのではないか。一応、活字を追っていけば、もっともなことが書いてあるのだが、読む気がおこらない。なぜ、読む気持ちにならないのかと言えば、省略が下手だからだ。ただし、取扱説明書である以上、途中でやめるわけにはいかないのだろう。

次の文章はコーマック・マッカーシーの『血と暴力の国』(黒原敏行訳　扶桑社ミステリー)のなかにある一節だ。同書は映画『ノーカントリー』の原作になった。映画に出てくるハビエル・バルデムが演じた殺人鬼シュガーは圧倒的な存在感だった。

以下はシュガーが保安官補を絞め殺す動作が書いてある。

〈シュガーは手錠の鎖を(筆者補　背中を向けていた)保安官補の首にかけ跳びあがって両膝をうなじに打ち当てると同時に鎖を強く引いた。

二人は床に倒れた。保安官補は喉を締めつける鎖の下へ両手の指をこじ入れようとしたが無駄だった。シュガーは床に横向きに寝て両腕のあいだに自分の膝を入れ顔をそむけて手錠の鎖を引っ張った。保安官補は激しく身悶え転がったまま床の上を歩くように足をばたつかせて身体を回転させ塵入れを蹴り椅子を部屋の向こうまで蹴飛ばした。その足が当たってドアが閉まり小さな敷物が二人のあいだで押し曲げられた。保安官補は喉を鳴らし口から血を吐いた。自分の血で窒息しかけていた。シュガーはさらに力をこめた〉

この一節を書き写しながら、ゆっくり読んでいると、殺人鬼と保安官補の身体の位置がつかめてくるが、普通に読んだだけでは彼らの動きが頭のなかに像を結ばない。

このように順序良く動作が細部まで書かれていると、かえってわかりづらいのである。だからこそ動作を書くにはどこかで省略して、あとは読者に想像してもらうしかない。そして、どこを省略するかが文章技術と言える。

また、人間や動物の動作を表現する時、漢字特有の問題がある。

腕、腰、膝といった身体の各部を表す漢字は偏がいずれも「にくづき」だ。パッと見ただけだと腕も腰も膝も同じ字に見えてしまう。これが英語だと腕はarm、腰はwaist、膝はkneeだから、見間違えることはない。漢字の入った文で身体の各部を入れながら動作を書き、それを読み手に一瞬で理解させるのは簡単ではない。

前の文をわかりやすく書き直すのは動作を書く場合のいい練習になると思う。

では、わかりやすく動作が書いてあるのはどういう文なのか。例を見てみよう。

〈クロス中尉はその左膝に手を触れたときのことを覚えていた。暗い映画館の中でのことで、映画は『俺たちに明日はない』だった。マーサはツイードのスカートをはいていた。そして最後の場面で彼が膝に手を触れると彼女は哀し気できまじめな顔をこちらに向けたの

で、彼はすっと手をひっこめざるをえなかった〉

〈我々が深夜の待ち伏せに出かけようとヘルメットをかぶり、防弾ジャケットを着るとき、彼（筆者注　ヘンリー・ドビンズ）は自分の首にナイロンを巻きつけるという厳かな儀式をとりおこなった。慎重に結び目を作り、二本の脚の部分を左の肩にだらりと垂らした。もちろんそのことで冗談を言う者もいた。しかしだんだん我々にも、そのミステリアスな御利益がわかるようになってきた。ドビンズは不死身だった。怪我もしなかったし、かすり傷ひとつ負わなかった。八月に彼はバウンシング・ベティーを踏んだ。しかし地雷は不発だった。その一週間後に彼は開けた場所で激しい小規模の銃撃戦に巻き込まれた。遮蔽物は何もなかった。でも彼は急いでパンティーストッキングを鼻に押しつけ、深く息を吸い込んでその魔法に身を任せた〉（『本当の戦争の話をしよう』ティム・オブライエン　村上春樹訳　文春文庫）

ここにある人物の動作表現はコーマック・マッカーシーほど丹念に描写されていない。クロス中尉が出てくる例文の動作は3つだ。横にいた彼女の膝の上に手を置く。彼女がこちらに顔を向ける。膝から手を引っ込める。

後者の例文では「彼は厳かな儀式をとりおこなった」と、まず動作全体の説明をする。その後、パンティーストッキングを首に巻いて、脚の部分を左肩に垂らすという細かい動作を書いている。

動作の説明で、読み手がついていける描写とはせいぜいこれくらいのものだ。しかも、著者（もしくは翻訳者）はわかりやすいように、動作の全容を最初に説明している。

動き、動作についての書き方をまとめておく。

●どこかを省略して書く（全部を書かない）。
●最初に全体の動きを説明してから細部を書く。
●動作が終わった時点は必ず描写する。

どこを省略するか

では、動き全体のうち、どの部分を省略するかだ。たとえば、ラジオ体操の動きを文章で表現するとなると、どこを省略するのだろうか。

体操のすべてを文章にするのは無意味だ。冒頭の箇所を読んだだけで、読者はその後を飛ばしてしまうだろう。また、体操の動作のうち、各部分を少しずつ省略するのもよくない。

たとえば「腕を前から上げて横に下ろす」という動作を「腕を上げて下ろす」と書いたら、違う動作になってしまうからだ。

わたしが書くとしたら、動きが始まるまでの様子を丹念に書き、始まったあたりで筆を止める。あとは読者に想像してもらって、そして、動作が終わった後の様子だけを書く。この場合のポイントは動きが続いているところで書くのをやめることだ。

「一歩、足を踏み出した」で止めるのではなく、「一歩、足を踏み出そうとした」。もしくは始まろうという瞬間までを書くのでもいい。

「装備は整った。扉を開けて外に出るだけだ。外では雨が降っていた。でも、行くしかない。彼は立ち上がろうとして、腰を浮かせた」

それから後の動作の細部は書かない。動きだそうとしたところでやめておく。また、わたしは「雨が降っていた」という1文を入れた。

「雨が降る」「雲が流れる」「雪が降る」「晴れていても風は強かった」など。

自然の現象はすなわち動きだ。人物の動きを補強するためにも自然の動きを背景に書き足すといい。

写真あるいは絵画の話になるけれど、動きを感じさせる写真あるいは絵画とは、動き出す寸前をとらえたものだ。動き出す寸前とは静止している瞬間である。静止している瞬間を描くと、動き出すように見えるのだ。

フランスの画家ジャック＝ルイ・ダヴィッドの作品に『ベルナール峠からアルプスを越えるボナパルト（ナポレオン）』（写真左上）がある。美術の教科書にも載っている有名な絵だ。絵のなかのナポレオンは馬に乗っているが、馬は前足を上げ、まさに駆け出そうとしている。もし、駆けている馬を描いたり、写真に撮ったりしたら、馬は静止しているようにしか見えない。動いている瞬間を撮っても、動きをあらわす写真にはならない。動きの一瞬を切り取るのではなく、動く前の静止している瞬間を撮る。

Bridgeman Images/Aflo

文章でも考え方は同じで、動き出しをとらえることが重要なのだ。

もうひとつ追加すると、SNS時代の文章の場合、読み手にちゃんと説明したい動作は動画に撮って添付することができる。

「それなら情景、風景、建築物、人物も写真や動画に撮って添付すればいいじゃないか」

そう思う人もいるだろう。

しかし、自然の情景や人物などはプロが撮影したとしても、なかなか本質をあらわした作品にはならない。まして素人が雄大な自然、複雑な性格を持った人物の写真を撮るのは簡単ではない。

その点、動作を見せるための動画なら、誰が撮ったとしても、一応、動作が判然とわかるものにはなる。

7　五感を書く。名言を書く
——さらにうまい文章の書き方

五感とは視《み》る、聴く、触る、味わう、においを嗅ぐの五つをいう。

これを文章にするのだが、ここでも、五感を書くのが上手な人を探し出すのがスタート地点になる。そして、文章表現を分析して真似る。五感をあらわすのに、プロはさまざまな手段を用いていることがわかる。

いいなと思う文章を探し出す方法だけれど、探そうとして本を読んだり、ネットで検索したりしても、「これは」というものには出会えない。小説、ノンフィクションを読んでいて、ふと「ああ、この表現いいな」と感じたものが上手に五感を表現しているのである。要するに、探すのを目的にしてはだめなのだ。日ごろから読書をしていて、ある日、出会うしかない。同じことが名言にもあてはまる。

文章のなかに名言を引用しようとして「まとめサイト」などを検索すると、古今東西の名言が載っている。不思議なもので、名言ばかりがたくさん並んでいると、ちっとも名言らしくない。やはり、普通の文章のなかにきらりと光る言葉があるから名言はその存在を際立たせるのだ。

そこで、さまざまな本を読まなくてはならないのだが、五感の表現に関する限り、もっとも見つけやすいのは詩を読むことだ。

こういう目的のために詩を読むことをすすめるのが果たしていいことなのかどうか、にわかに判断できないけれど、それでも、詩を読まないで生を終えるよりも、表現探しのためにでも詩集を開いた方がいいだろう。

なお、五感のうち、視ることと聴くことについては写真、音声、動画を添付する手がある。

「色」について

たいていの人は色を表現する場合、「真っ赤な夕陽」、「白銀の世界」とストレートに形容する。

また、ひわだ色、東雲《しののめ》色、松葉色といった日本の伝統的な色名で色を表す人もいる。ただし、これはすすめない。時代小説ならば別だ。実用文で昔の色の名前を使うことはない。プロが昔の色の呼び名を使うのは、色そのものではなく、色の名前に込められたニュアンスを表現したいからだ。

また、色について言及しなくてはいけないような類いのものならば、PCもしくはスマホでは写真と色見本を添付するのがもっともよく伝わる。同じことが音についても言える。音の種類を描写するよりも、音声を添付するのが直接的だ。しかし、写真、色見本、音源、いずれも質の低いものを添付すると逆効果になる。大切な文書ならば写真、音声は各分野のプロと相談するべきだ。

色と音について、茨木のり子さんは次のような手法で表現している。

〈鯛

早春の海に
船を出して
鯛をみた

いくばくかの銀貨をはたき
房州の小さな入江を漕ぎ出して
蜜柑畠も霞む頃

波に餌をばらまくと
青い海底から　ひらひらと色をみせて

飛びあがる鯛
珊瑚いろの閃き　波を蹴り
幾匹も　幾匹も　波を打ち
突然の花火のように燦きはなつ
魚族の群れ（以下略）〉（『鎮魂歌』童話屋）

鯛は「何色をしている」とは表現できない。全体は薄いピンクだけれど、陽の光に当たったら、白や銀色にきらめく。また、青い海をバックにしたら暗い色に見えることもあるだろう。茨木さんは鯛が泳いだり、飛びあがったりする活発な動作を書くことによって、読者に鯛がいきいきとした体色をしていることを想像させている。

実際の色を書くのではなく、読者がそれぞれのイメージのなかで鯛に色をつければいいと考えている。

直接的に「何色」と言えない対象、また、色を読者に想像してもらうには、対象が活発な運動をしているのかそれとも静かに動かないものなのかを丁寧に書く。そのもの自体を上手に表現することができればあとは読者が頭のなかで対象に色を付けてくれる。

音について

文章で音が表現されている場合、もっとも多いのは擬音語の使用だ。「ががが」とか「どきゅーん」のような、著者が聞いたままの音を文字にしたもの。擬音と呼ばれているように、「ががが」は音ではない。書いた人がそう聞こえた音の表現だ。自然の音、人間の喜怒哀楽の叫び、笑い、泣き声などは擬音になる。しかし、音楽、旋律は擬音では表現できない。そこで、結局は音、音楽は今後はテキストデータに添付することになる。

ただ、ひとつ問題がある。添付されたデータのうち、写真は誰もが確認する。動画も30秒くらいのものならば見るだろう。ところが、添付された音はまず、聞こうと思わないのではないか。3分半の曲を「資料です」と全曲、添付したからといって、まるまる聴く人は少ない。添付するにしてもわたしは30秒までがひとつの目安だと思う。音を1分間、聞いているのはつらい。

このように、音を表現するならば擬音語を使うこと、音を添付することが考えられるけれど、もうひとつの方法もある。それは音が出ている情景を丁寧に説明することだ。そうすると、その延長線上で読者がそれなりの音を想像してくれる。色の表現と似通っている。

五感を表現する場合、著者が何を伝えたいかといえば、実は文章上で色を見たり音を聞いてもらいたいわけではない。

なんとなく色を思い浮かべてもらうこと、音を聞いたような気になってもらうことをめざしている。

表現が上手な人は読者を本のなかに導くことができる。そうすれば、五感は読者が自身で想像する。特に味やにおいはそうだ。おいしそうな表現で書けば、読者はつばを飲み込む。

「それは文学の話じゃないか」

そう思うビジネスマンもいるかもしれない。だがそうではない。五感を表現する文章を書くことはビジネスマンにも必要なことなのだ。

クライアントに出す企画書を例に取ろう。

ライバル社の人間が五感の表現をすべて添付した写真、動画を使って企画書を作成したとする。

それに対して写真、動画を使わずに対象の色や形、音やにおいまで文章で表現できる企画書を提出することができたら、それだけで大きな差をつけることができる。

一般の人は五感の書き方まで勉強してはいない。文章の表現力でもっとも差をつけられるのは五感を書くことなのだ。

擬音の使い方を考えてみよう。何度も恐縮だが、茨木のり子さんの詩を引用して説明する。

〈浄光寺
かしゃ　かしゃ　かしゃ　かしゃ
かしゃ　かしゃ　かしゃ　かしゃ
けなげであり
あたたかであり
単調であり
眠たげであり
わびしくもある音
かしゃ　かしゃ　かしゃ
西陣の機《はた》の音
傾きかけた木造の機室にぐるりと囲まれ

池大雅は眠っていた（以下略）〉（『人名詩集』童話屋）

かしゃかしゃという擬音は寺の様子を説明するにしてはあまり例がない。普通なら「しーん」と書いて、静寂を表現（陳腐だけれど）するか、「ごぉーん」（これも陳腐）と鐘の音をいれる。

しかし、浄光寺は京都、西陣の町のなかにあり、昔は布を織る機《はた》の音が聞こえてきたのだろう。

機織の音を彼女は「かしゃかしゃ」と表現した。わたしは聞いたことがないから何とも言えないけれど、「かしゃかしゃ」という擬音表現には音が感じられる。近くで機械がかしゃかしゃと動いているような気になる。しかも、かしゃかしゃは大きな音ではない。すぐ近くではなく、離れたところからの音だと感じる。擬音を使う時も、やはり聞いている人の位置がわかるような音を選ぶことだ。そして、音そのものを再現するのではなく、情景の描写に力を尽くす。

触る感覚について

触覚を文章にするには、個人的な感想を記すことが多い。

「ふわふわしていた」

「ぬめぬめしていた」

「ごつごつしていた」

「トゲがたくさんあった」

「表面はゼリーのような弾力があった」

「ふわふわ」「ぬめぬめ」などは副詞だ。「トゲがあった」は名詞で形状を表現したもの。どちらがいいかと言えば、「トゲがあった」といったように、具体的なものが頭に浮かぶような説明がいい。


また、触った感覚とは事物の表面を撫でた感想だ。医師が手術の際に触った内臓の感触を語るといったこともあるけれど、たいていは表面を触った感じを人に伝えている。自分が感じて、他人にも伝わる最小限の形容詞または形容句で表現するしかない。

またまた茨木のり子さんに頼るけれど、彼女は次のような表現で触った感じを読み手に伝えている。

〈握手
手をさし出されて

握りかえす
しまったかな？　と思う　いつも
相手の顔に困惑のいろ　ちらと走って
（略）
すなわち
親愛の情ゆうぜんと溢れるときは
握力計でも握るように
ぐ　ぐ　ぐっと　力を籠める
痛かったって知らないのだ（以下略）〉（『人名詩集』童話屋）

握力計でも握るように。ぐぐぐっと。これは触った感触ではなく、自分が握手をしに行った時の力の込め方だ。だが、それでも、読んだ人は相手の手の感触が頭に浮かぶ。

つまり、触感を表現する場合、さわるのはつねに自分自身である。自分自身の力の込め方、触り方を書いておけば、これまた読者が対象の感触を考えてくれる。

茨木さんが配慮しているのは「込める」ではなく「籠める」という漢字を選んでいるところだ。あまり、使わない字だけれど、「籠める」と書いてあると大きな力が加わっているように見える。詩人はそこまで考えて文字を選んでいる。

味とにおいについて

味とにおいについてはＳＮＳ時代だからといって、写真にも動画にもできない。こればかりは文章で伝えるしかない。しかし……わたしが思うに、味とにおいはもっとも伝えることが難しい感覚ではないか。

わたしは仕事がら、食べ物の話を書いている。しかし、食べたことのない人に未知の食べ物の味を説明するのは難しい。つねに困っている。正解はまだ見つけていない。

人は見たことのない、味わったことのない食べ物の形状ならばなんとか説明することができる。しかし、味そのものをはっきりと伝えることは、おそろしく難しい。

たとえば、海外の人にナマコの味を言葉で説明するのは難しい。写真を見せて、色や形や食べた感想を言ったら、「そんなものは食べたくない」と言うだろう。しかし、そういった人を和食屋へ連れて行って、コースのなかで、「さあ、ひと口でいいから食べてみて」と言ったら、少なくとも箸をつける人はいる。10人のうち、３人くらいは「意外とうまいね」と言うかもしれない。

さて、プロはどうやって難問を解決しているのだろうか？

〈そのころ読んだ外国の児童文学の中には、わけのわからない言葉がたくさんあった。きいちごのジャム。子羊のロースト。カンゾウで編んだ籠《かご》。ライムジュース・コーディアル。しょうがパン。おおかたのものが、ちんぷんかんぷんだった。（略）
あんまり思い詰めたので、ついにある日私は「しょうがパン」なるものを、作ってみることにした。作り方は以下のごとし。1　生姜を用意します。2　生の生姜は辛いので、去年梅干しと一緒に漬けた生姜を、細かく切って使います。3　食パンの白い部分に、切った生姜を埋め込みます。4　おしまい。
珍妙な味がした。なんといおうか、情けない味だった。本にあるような輝かしい味はしなかった。悲しかった。とても悲しかった。悲しみながら、その日のおやつであるかたやきせんべいをぼりぼり食べ、夕食には塩辛でごはんを二膳《ぜん》食べた〉（『ゆっくりさよならをとなえる』川上弘美　新潮文庫）

決しておいしいとは思えない食品の味をどうやって描写しているかと言えば、食べた後の感想と行動である。食品の味を表現するのは「おいしい」「えも言われぬ味」「まったりとしている」といった、口に入れた後の感想が大半だ。だが、川上氏は食べた感想だけでなく、その後の行動を記している。

彼女はおいしくはない味に失望して、かた焼きせんべいを食べ、塩辛ご飯をかっこんだ。失望に対しての反動からだろう。味の感想、形容だけでは食品の性質を想像しにくい。その後の行動をつけ加えた方がより、味の中身がくっきりと浮かび上がる。

もうひとつ、味とにおいの表現について、共通することがある。一流の作家が書いた本を読んでいて感じたのだが、おいしい味、いいにおいについての表現は克明に書いてある。その代わり、「おいしい」とストレートに表現はしていない。読み手が「おいしそうだな」と感じるように書いてある。

においについても同様だ。一流は「いいにおい」とは決して書かない。いいにおいが漂ってきたかのような描写をする。もっとも、それが作家の力というものだろうけれど。

おいしそうに感じる描写

では、読み手がおいしそうに感じるには何を書けばいいのか。

人がおいしいと感じる食品は総じて新鮮なもの、フレッシュなものだ。たとえ、1945年産のボルドーワインであっても、「抜栓《ばっせん》したら、若いぶどうの味がした」と書く。たとえ、たくあんの古漬けであっても、「思いのほか、淡白で若々しい味がした」と書く。

古さ、苦みを書いたとたんに、おいしそうではなくなる。だから「新鮮さ」に狙いを定める。ただし、これもまた「この野菜は新鮮だ」とストレートに書いてはいけない。婉曲《えんきょく》に新鮮さを表現する。

次の文章はわたしが書いたものだ。発表したものではない。

題名は「ほんとうのニラ玉」である。

〈小学生の時、うちは鶏を飼っていた。3羽飼っていた。玉子を生むめんどりだったから、3日に一度は生みたての玉子を食べることができた。

私道にはニラを植えていた。3月になって、春のニラが育ってくると、おじいちゃんは『ほんとうのニラ玉』を作ってくれた。まず、ニラを刈って、細かく刻む。刻むのはわたしの仕事だった。おじいちゃんはニラに玉子の殻を混ぜて、鶏に食べさせた。

ある日の朝のこと、おじいちゃんとわたしは鶏小屋を見に行った。思い通り、鶏は玉子を生んでいた。うみたてである。それを3個、持ってきて、表面を井戸水で洗う。そして、ボウルのなかへ次々と割り入れた。私道のニラをきざんで卵と混ぜた。醬油を入れた。炊き立てのご飯を丼によそって、ご飯が熱を持っているうちに、ほんとうのニラ玉をたっぷりとかけた。そのままご飯をかっ込む。

あれからずいぶんと時間が経った。ほんとうのニラ玉のよくないところは、鶏を飼わなくては食べられないという点だ〉

さて、この文のなかで、どこが新鮮さを表しているかと言えば、「生みたての玉子」「収穫したばかりのニラ」「炊き立てのご飯」の3つだ。新鮮さとは食材の鮮度そのものでなくともいい。買いものをして、走って帰ってきて、玄関で包装を開けて、かぶりついたシュークリームでも、充分に新鮮な感じは伝わる。

においはどう書くか

同じことが、においの表現でも言える。

「いいにおい」と書くのではない。読み手がフレッシュな香りだなと感じられるように書く。においについてもわたしは新鮮さに的を絞った方がいいと考えている。

ただし、これはいいにおいについて表現する場合だ。そして、フレッシュなにおいをどう表現するかといえば、作家、ライターは花と柑橘《かんきつ》類の香りを使っている。

「バラのような香り」

「ライムをしぼった果汁のさわやかな香り」

洗濯用洗剤のにおいだって、たいてい、花か柑橘類の香りが混ぜてあるくらいだから、総じて人は花と柑橘類の香りが好きなのだ。

むろん、麝香《じゃこう》、揮発性の油脂をいいにおいと感じる人もいる。しかし、決して大多数とは言えない。いいにおいの表現に関する限り、花、柑橘類をたとえに使い、しかも、新鮮というニュアンスをこめる。それが王道ではないか。

では、次に嫌なにおいについて、どう書くかだ。

前提として、人はまずいもの、嫌なにおいのものについては長くは書けないようだ。一流作家の作品でも、まずいもの、嫌なにおいのものについて、長々と書いてあるものを見かけない。もし、嫌なにおいについて、克明に書いてあるとしたら、それは何らかの意図をもって書いた時だけだ。

まずいもの、嫌なにおいについての表現はほぼ、次のようなものになってしまう。

「ひと口食べたら、うっとさけんで吐き出した」

「ドアにはハエがたかっていた。これ以上、そばにいたくはないにおいが漂ってきた」

いずれも、食べたくない、においをかぎたくないという意思を示すことで、まずさ、嫌なにおいを表現している。

ミステリー小説を読んでみるといい。死体のにおいについての表現、描写はどんな本でも似通っている。また、それでいいのだとわたしは思う。

嫌なにおいの表現で、クリエイティブな努力をする必要はない。

「これまでに嗅いだことのないような腐敗臭がした」

「年下の刑事がハンカチで鼻を押さえてうずくまった」

「もうひとりの年下の刑事はあわててトイレに行って吐いた」

「ヘンドリー警部は誰かマスクを持っていないか？　と聞いた」

「鑑識のスーザンが真夏にこんなところに来たくないわ、とマスクをつけてから部屋へ入っていった」

せいぜい、こんなものだ。これ以上書かなくとも、読み手は「嫌なにおいがするのだろうな」とわかっている。

仕事の文章で味、においについて書くことがあったとする。まずいもの、嫌なにおいについての表現はさらっと書けばいい。

最後につけ加えるけれど、ワインの香りについて、枯草とか猫のような香りという表現がある。あれは、専門家にしか通用しない表現だ。ワインの香りを伝えようとして、専門家の表現を借りてくることはない。一般の人は「枯草のにおい」と書いてあっても、混乱するだけだ。味やにおいについての専門的表現は一般の読み手には通用しないと自覚した方がいい。

「感動」の書き方

あらゆる文章は感動を書いているものだから、あらためて取り上げるのはおかしいかもしれない。

しかし、素人が書いたもので感動を取り上げた文章は多いけれど、その感動が伝わってくるものは稀だ。書き手が感じた感動をそのままの形で読み手に伝えるには、感動した体験をただ書いただけではダメだ。伝える意志を持ってのぞまないと感動は伝わらない。

通常は次のふたつのやり方、もしくはふたつを組み合わせた方法で感動を書く。

A　すばらしい、美しい、おいしい、極上のものだなど、形容詞、形容句で表現する。
B　涙がこぼれた、胸が詰まった、言葉にならなかったなど、感動に出会った直後の動作であらわす。

AとBとの組み合わせとは「おいしさでほっぺたがおちそうになった」といったような表現だ。これもよくある。

さて、上記の方法で書き手が体験した感動が伝わるかどうかはわからない。書き手の腕次第としか言いようがない。ただこれだけは確かなのは文章のなかで「おいしい」をいくら連発しても、読み手にはおいしさはまったく伝わらないということだろう。

さまざまな本を読んでいて気がついたのだけれど、ごく少数のプロの書き手はクオリア体験を利用しているような気がする。クオリアとは「主観的体験に伴う質感」と訳されている。なんのことだかさっぱりわからない。わたしは自分では次のように理解して、納得している。

何かを読んで、あるいは見たり聞いたりして主観的に感動したとしよう。すると、感動の瞬間に頭のなかにさまざまなフラグメンツ（破片、断片）があらわれることがある。音楽を聴いていて風景が浮かんだり、絵画を見ていて、頭のなかにリズムや旋律が流れてきたりするのもクオリア体験だと思う。主観的体験に伴う質感だからだ。

わたしの体験だが、久しぶりに来日したポール・マッカートニーのコンサートで「ヘイ・ジュード」を聴いた時、ものすごく感動した。生きているうちに、ポールが目前で歌っている。しかも「ヘイ・ジュード」である。そのうちに混乱してきて、さまざまな断片が脈絡もなく頭に浮かんできた。

ビートルズのシングル盤のジャケット写真、青空の下のプール、飛び込み禁止と書かれた看板、ロンドンのポールの事務所の向かいにあった公園のイチョウの木……。そういったものが次々に浮かんできては消えた。いい思い出ばかりだと思った。「ヘイ・ジュード」を聴いたクオリア体験はいい思い出のかけらが浮かんできたことだった。

さまざまなフラグメンツを文章のなかで並べることで、読み手に、書き手が感じた感動の質感を追体験してもらう方法とでも言えるのではないか。思うに本当の感動は感動の連鎖を生む。だから、鮮烈なフラグメンツを並べることは、技術はいるけれど有効だ。

詩、歌詞にはそういったものがいくつもある。小説、エッセイでも、そうやってフラグメンツを並べて感動を表現している人がいる。

ひとつだけあげると、わたしは次の文章がいいなと思っている。小説のエンディングである。

〈天に星。
地に憎悪。
南溟。八月。わたしの死〉
(『裂けて海峡』志水辰夫　新潮文庫)

SNS時代の名言

SNSの投稿を見ていると、文章のなかに名言、名文句を入れている人に気づく。また、名言、名文句について、「心を直撃された」「落涙、感動！」といったコメントがある。そして、名言をまとめたサイトへのリンクが貼ってある。

いま、人々は名言に心を持っていかれている。文章には名言を入れる。ただし、わたしは名言が入っているからといって感動はしない。

名言よりも名文を尊ぶから。

名文には名言はいらないとも思っている。しかし、流行は流行だから見すごすわけにもいかない。

名言が流行っている理由はふたつ考えられる。

ひとつ、名言を引用したり、それに似た言葉遣いをしたりすることは自己表現だからだ。自分の個性を打ち出すために、人々は名言を利用している。

わたしはSNS時代の人は「個性と賢さを出したい人々」だと先に書いた。いまの人は文章のなかに、きらりと光る名言があれば、全体も名文と感じてしまう。しつこいようだがそれは勘違いである。ほんとうはそんなことはないにもかかわらず、そう信じている。だから名言に惹かれる。

もうひとつ。いまの人が名言と感じる言葉は本来のそれではなく身近な言葉だ。引用しても、エラそうに見られることはないのである。いまの人は個性を出したいし、賢く見られたいけれど、エラそうな存在とは思われたくない。

だから彼らはエジソンやマザー・テレサのような偉人が語った教訓的な言葉を名言とは思っていない。ジョン・レノンの言葉には感動するけれど、福沢諭吉のそれには関心を示さない。

名言は、歌詞の一節、漫画の主人公の台詞、友だちが言ったひとことであり、いずれも偉人の言葉にありがちな教訓臭はない。一種の流行り言葉とも言える。

教訓や道徳を説く言葉ではなく、活力を与えてくれたり、ふと微笑させてくれたりする言葉だ。そうした言葉を文章のなかに入れることは時代の気配を感じさせることでもある。

ただ、ひとつ注意しなくてはならないことがある。名言が流行り言葉である以上、時間が経つと陳腐になってしまう。そこに気をつける。

一方、企画書、宣伝コピーといった時代とつねに接触している仕事の文書には名言は必要だろう。名言を引用するのもいいし、流行りの名言を真似て文章を創作してもいい。

名言の持つ特徴

人が名言と感じている文句を読んでみた。

その結果、特徴を見つけた。

最初は「リフレイン」である。ひとつの言葉を繰り返すことで、名言と感じさせる。歌の歌詞を抜き出した名言はたいてい、これだ。

「遠く遠く　離れゆくエボシライン」

「巡る巡る　忘られぬメロディライン」

「熱く熱く　こみあげる涙に」

サザンオールスターズの曲「希望の轍《わだち》」の歌詞だ。一行のなかでもひとつの言葉を繰り返し、かつ、「エボシライン」と「メロディライン」は韻を踏んでいる。

もう一曲、これもリフレインを上手に使っている歌詞がある。

〈（前略）ひゅーひゅーと　風がふきゃ
雲に泣いてた　お天道様も
にっこり　笑いだす

まったり　まったり　まったりな
急がず　焦らず　参ろうか
（略）
ぽーつ　ぽーつ　雨が降りゃ
乾いた土に命が芽生え
にっこり　花が咲く
まったり　まったり　まったりな
急がず　焦らず　参ろうか〉

この歌「詠人《うたびと》」を歌っているのは歌謡界の大御所、北島三郎氏。NHKの人気アニメ「おじゃる丸」のオープニングテーマでもある。内容が人生の指針とも受け取れる名曲だ。

さて、リフレインの名言を仕事の文書で使うとすれば、まずタイトルでひとつの言葉を出す。そして、内容を書いていって、最後に写真を数葉あるいは30秒ほどの動画を添付する。動画の後に、タイトルで出した言葉をもう一度、書く。リフレインと言っても、何度も出すことはない。最初と最後に同じ言葉を出すだけでいい。

次にリフレインの形式を利用した企画書の書き方例をあげておく。

新製品、大根の葉っぱふりかけの開発を提案する企画書
熱く熱く。ご飯は熱く。
炊き立てで。
ふりかけはさらさらと、さらさらと。
（略）
写真もしくは動画。
熱く熱く。
炊き立てのご飯に。
ふりかけはさらさらと、さらさらと。

すでに、こうしたタイプの企画書を見た人もいるのではないか。

2番目の特徴は比喩、つまりたとえを使った名言だ。
「人間は考える葦《あし》である」のようなものだけれど、いまの時代の名言はもっと身近なたとえが多い。

お笑いコンビ、フットボールアワーのひとり、後藤輝基氏は「たとえツッコミが上手」(ウィキペディア)とされている。彼が使うたとえツッコミはいまの時代の名言の要件を満たしている。

(露出の多い衣装を着けた女性タレントに向かってのツッコミ)

「こんなもん、四捨五入したら裸ですよ」

(南海キャンディーズのしずちゃんに向かってのツッコミ)

「四捨五入したらオスですよ!」

算数で使う「四捨五入」という言葉を人間を例える場合に使っているわけだ。名言というよりもギャグに近いけれど、まとめサイトには名言として分類されている。

ライフネット生命会長の出口治明氏の本『仕事に効く教養としての「世界史」』(祥伝社)には、氏がヘンリー・キッシンジャーから直接聞いた、たとえを使った名言が載っている。

〈「人間はワインと同じだ」

(略)キッシンジャーがワインのグラスを手に取ってこう言ったのです。

「(略)人間も、このワインと同じで生まれ育った地域(クリマ)の気候や歴史の産物なんだ。これが人間の本性なんだ。だから、若い皆さんは地理と歴史を勉強しなさい」〉

ワインが出てくる会食で話したり、報告書で引用したりするには最適の名言だろう。なお、村上春樹氏の本のなかにも比喩を使った、いまの時代にも通じる名言がある。

〈そこに光はなかった。完璧な闇が狡猾な水のように音もなく僕らを包んだ〉（『ダンス・ダンス・ダンス』講談社文庫）

「完璧な闇が狡猾な水のように」という部分が比喩だ。ただし、この比喩は村上氏だから、「なるほど」と感服することができる。普通のビジネスマンが報告書にこの手の名言を使うのはやめておいた方がいい。

3番目は名言ではもっとも多い形式だ。ふたつの文からなるもので、前半は読んだ人を失望させる。しかし、後半、読んだ人の気持ちを高揚させる。

「Don't think, feel.（考えるな、感じろ）」（ブルース・リー）

考えるなと言われたら、「ふむ、どうして？」と読み手はふと不安になる。それが「感じればいいんだよ、考えることなんかないんだ」とさとされることで、読み手はホッとする。

こうした、言葉の対比を使った名言は多い。

「デザインによって造るのではなく、造ることによってデザインが生まれる」（柳宗理　工業デザイナー）

柳氏は工業デザイナーは紙の上でデザインしたものを形にするだけではなく、まずは手を動かせという意味で言っている。手仕事の大切さを主張した名言だ。

「もし硬くて高い壁と、そこに叩きつけられている卵があったなら、私は常に卵の側に立つ」（『村上春樹 雑文集』新潮社、2011年所収「壁と卵――エルサレム賞受賞のあいさつ」から）

読めばわかるように、壁は権力、卵は庶民のことだ。

こうした言葉の対比を使った名言は素人にもいくらでも考えられるし、実際に使っている人がいる。

中国に行った時の体験だ。食事の席で酔っぱらった中国人通訳から、こう話しかけられた。

「野地さん、中国にはこういう、ことわざがあります。『酒は人を酔わさず、人が人を酔わす』あなたに会って、わたしは酔いました。酔っぱらいました」

　歓迎するという意味で使ったのだろうけれど、うまいこと言うなと思った。

　つまり、言葉の対比で何かを表現することは難しくはない。ひとつ思いついたら、いくらでも出てくる。

　以下、参考として、言葉の対比を使ったわたし好みの名言を挙げておく。

「アダムはりんごが欲しかったから食べたんじゃない。禁じられていたから食べたんだ」

「人生には大切な日が2日ある。生まれた日と、なぜ生まれたかがわかった日だ」

「禁煙は簡単だ。私はもう何千回もやめたことがあるから」（3つともマーク・トゥエイン）

「歌はしゃべるようにうたえ。セリフは歌うように語れ」（森繁久彌）

　名言は引用するよりも、特徴を知って、この形式で文章のなかに自分の文章として取り入れた方がいいだろう。

文章の完成

　文章の完成は「書き上げた時点」ではない。推敲という作業がいる。書き終えたら、見直して、文章を削ったり、付け加えたりする。表現も手直しする。同時に誤字脱字、事実の間違い、コロケーションや慣用句の誤用も直す。プロならば誰でも最低、1度は書き直す。何度も直す人もいる。

自分で見直して、これならいいと思ったら、次は誰かに読んでもらう。プロの場合は編集者が読む。その際、指摘されたところは話し合い、納得したら書き直す。2度、3度と書き直すこともある。

ビジネスマンの場合なら、誰かに読んでもらって直す場合に次のように頼んでおくといい。

「読んでみて、意味がわからないところを教えてください」

自分だけがわかっている表現、自分だけが知っている事実、そういうところを指摘してもらって、みんながわかるように書き直す。

わたしは少し前まで原稿を何度も書き直すのがいいと思い込んでいた。編集者から「まだ直すんですか」とあきれられたこともある。ただし、いまは自分で読み直す場合の直しは2回までにしている。何度も何度も直していると、最初に文章を書いた時の熱が消えてしまうからだ。巧みな文章にはなっているけれど、熱がこもっていない。それを恐れるから、2度にしている。

そして、2度、書き直した文章を編集者に読んでもらう。それで、指摘されたところはすべて直す。指摘されていないところであっても、編集者との対話で気づいたところは進んで直す。

「オレの文章に勝手に手を入れたな」と怒る書き手がいる。わたし自身、めったにはないけれど、編集者に直されたままの原稿が雑誌に載ったことがある。頭にはくる。しかし、そういう勝手な編集者の直し方には特徴がある。そういう人はわたしの文章のなかに自分のスタイルを採り入れたいのである。

自分では一から文章を書くことができないから、著者の文章を自分のスタイルにする。そうして、自尊心を満足させているのだと思われる。しかし、そんなケツの穴の小さい奴はめったにいない。事故だと思ってあきらめることだ。

ビジネスマンが仕事の文書を書いた場合だって、同じようなことは起こるに違いない。たとえば、仕事の文書を上司に見せて、実力のない上司だとそういう視点で書き直したりするだろう。要するに、手柄の横取りである。

そういう人たちにわたしがどう対処しているかというと、机をたたいて怒ったりはしない。

繰り返すけれど、事故だと思ってあきらめている。

ただ、次のように対処することはある。雑誌の文章なら、そのままにしておく。抗議もしない。しかし、単行本にする時にはすべて元に戻す。自分が書いたものに戻す。単行本はわたし自身の商品だから、わたしがいいと思った文章にする。

もっとも、社内文書の場合はそういかないだろう。泣き寝入りすることだ。いつか、何らかの機会に倍返しを考える。江戸の敵《かたき》を長崎で討つ、である。

さて、編集者なり、会社の上司なりが直すべき箇所とはどんなところだろうか。

わたしが編集者だったら、上司だったら、こうやる。

まず、どれだけ下手な文章であっても、書いた人のにおいと熱は残す。直すべきなのは、「はじめに」でも書いたけれど、読む人に表現、意味が届いているかどうかだ。伝わらない表現、意味が分からないところは指摘して直してもらう。意味がわかるまで書き直してもらう。それが編集者のやるべき仕事だ。誤字脱字は赤鉛筆でチェックマークを入れるが、正しい字句を書きいれることはしない。正しい字句にするのは書いた人の責任だ。

かつて秋元康さんから聞いた話がある。

「私は作詞家のようなクリエイターとして仕事をする場合と、ＡＫＢ48の時のようにプロデューサーとして仕事をする場合がある。

同じ作品でも、クリエイターとプロデューサーでは評価の仕方が違う。クリエイターはヒットしか頭にない。ヒットさせてやろうと思って歌詞を書く。作品のいいところだけに目がいってしまって、悪いところに気づかない。

ところが、プロデューサーというのは、結果がよくない場合のことも考える仕事だ。どうしても、作品の悪いところ、弱いところを見てしまう。また、そうでなければプロデューサーはつとまらない」

文章を書く時、見直す時の心がまえだが、秋元氏の言に従えば、書く時は作家で、見直す時は編集者の目が必要になる。

「クリエイターとして書いて、プロデューサーの目で読み直す」

それくらい、厳しく見直した方がいい。

終章　「文は人なり」の時代

文章にはキャラクターが出る

ＳＮＳ時代であるかないかを問わず、文章には書いた人のキャラクターがあらわれる。慎重な性格の人が書いた文章の表現は明確に言い切ることがない。

「ではなかろうか」とか「こういう視点もありうる」といった表現が出てくる。

慎重な性格の人ははっきりと言い切る文章を書くようにつとめることだ。

しかし、慎重な性格、臆病な性格が文章ににじみ出るのは仕方がない。ういういしさ、おくゆかしさ、偽悪的な性格……いずれもかまわない。この人たちは読む人を念頭に置いて書いている。自分の文章を人に伝えようとしている。だから、慎重になり、臆病になり、偽悪家をよそおう。それはまだいい。

困るのは頭が整理されていない人、ナルシスティックな人、そして、態度のデカい人である。

頭が整理されていない人はその人が暮らす部屋を見ればわかる。部屋の整理をすることと情報を整理するのは同じ作業だ。文章を、情報を整理しようと思ったら、まず自分の部屋を片付けることだ。

ナルシスティックな人は自分のことしか考えていない。「オレがオレが」という文章を書く。読む方は「困ったもんだな」と思ってしまう。特に、仕事の文章だとしよう。たとえば、報告書をナルシスティックな人に書かせたら、その人は自分の手柄話しか書かない。読んだ上司の判断は曇ってしまう。上司はそういう文章を厳しくチェックしなくてはならない。

読んでいて、すぐにわかるのは態度がデカい人の文章だ。自分では自覚はしていないのだろうけれど、「無知なお前たちにオレが教えてやる」といったニュアンスが必ず残っている。文章を書く自分はエラくて、読む立場の人はエラくはないと心のどこかで思っているのだろう。

ただ、この人たちの文章を矯正するのはたやすくはないのである。この人たちはかつて教師、官僚、敏腕経営者だったりするケースが多い。人の話を聞かないし、しかも、正義感に溢れる人がこの種の文章を書く。

「オレの文章は間違っていない」

信念を持っているから、アドバイスしても素直に実行することはない。この人たちについては教育、指導は難しい。手が付けられないとも思っている。

この3種の人々の文章が間違っているのは文章を自らが作り上げた創作物と思い込んでいることだ。彼らは文章の完成度を高めようとしている。その意気込みはいい。しかし、どこかで読み手のことを忘れている。文章は人が読んでこそ、意味があるものだ。読む人に伝わるものでなくてはならない。コミュニケーションツールだから、いくら完成度が高くても、読みたくないものになっていたら、それはコミュニケーションツールではない。

たとえ話である。創作料理に熱心な板前がいる。西洋料理の食材と和食の食材を組み合わせる創作に熱心なあまり、食べる人の気持ちを考えない料理を作ってしまうことがある。

頭が整理されていない人、ナルシスティックな人、態度がデカい人の文章は人が食べてみたい、おいしさがある料理ではなく、目先の変わった創作料理だ。

SNS時代にはより個性があらわれてしまう

学校でも社会でも、教師、もしくは上司は文章を書く時、「キミの個性を出してごらん」と語りかける。

それが間違っているのだ。

自己表現における個性とは出そうと思って出せるものではないからだ。たとえば、作文に「てめえ、殺してやる」と書いたら、周囲とは際立った文章として認識されるだろう。しかし、それは個性ではない。丸裸になって通りを走るのと同じことで、単なる変人の自己表現である。個性とはそういうものではない。

SNS時代になって大切なのはオーガニックな文章を書くことだと、わたしは主張してきた。

プレーンで飛び跳ねた表現のない文章である。形容詞も控えて、事実だけを淡々と書く文章だ。そうやって、素っ気ない文章を書いていると、実はそのなかに書いた人のキャラクターが出てくる。隠そうとしても言葉遣い、句読点の打ち方にその人独特の特徴が出てくる。

個性とはすなわちそれだ。ことさらに出そうとするものではなく、放っておいても、読んだ人にはわかってしまうものが個性だ。生徒の作文を1年のうちに何度も読んでいる教師はたとえ新人教師であっても、「ああ、これは下山田くんが書いた作文だ」とわかるという。

それはそうだろう。文章には書いた人が思っている以上にその人の特徴が出ている。

「よし、個性的な文章を書いてやろう」と鼻息を荒くすることはない。「個性的に書け」と指導するのはひどく間違った行為だ。

新しい方法を自分で編みだす

本書では、文章の書き方、構成、デザイン、表現について細かく書いた。では、どうやって、これを利用するのがいちばんいいかといえば一度、熟読したら忘れた方がいい。読んだなかで覚えていることだけを守って書いてみる。メモを取りながら読んだりしない方がいい。

「自分の文章にはどこが必要なのか」だけを考えて、利用できるところだけをかいつまんで理解すればいい。

文章、絵、作曲……自己表現にはいずれも教科書、参考書がある。その通りにやるよりも、頭のなかに残ったものを頼りに、あとは自由に書いた方がいいものができる。考えることはたったひとつだ。

どういうふうに書いたら、読み手の印象に残るのか。

雑誌に寄稿する文章でも、クライアントに渡す企画書でも、伝わらないものは存在価値がない。あえて言うけれど、文章自体の完成度を上げることよりも、相手に伝わるかどうかを自分自身で判断する。そして、繰り返すけれど、必ず誰かに読んでもらう。

ベストセラーが出る。評論家のなかには「どうしてこんな稚拙な文章の本が売れるのか。おかしい。世も末だ」という人がいる。だが、たとえ、文章が稚拙であっても、その本のなかには読み手に届いた何かが表現されている。

また、やさしい表現で書くことだけが、読み手を意識していることにはつながらない。聖書、経典、いずれもやさしく書いてあるわけではない。読んでもわからないところはたくさんある。しかし、何度も唱えていると、心地よくなったりする。読んだ人が心地よくなるというのは、相手に届いている証拠だ。

「どうやったら、わたしの文章はあなたに届くのか」

文章を書くとはそういうことだ。

廃業しないための、わたしの3つのルール

わたしは普通のサラリーマンからライター、職業作家になった。なってみたら大変な世界だと思った。今年、収入があったとしても、来年、生きていけるかどうかわからない。しかも、本の売れ行きは毎年、減っている。わたしは日本文藝家協会の会員だが、一説によると、文章を書くだけで食べていられるのは55人しかいないという。わたしは文章だけで食べ

ているのだから、55番目なのかもしれない。

最初の単行本『キャンティ物語』を出した時はすでに37歳だった。それから20年以上経っても、自転車操業が続いている。風邪ひとつ引くわけにはいかない。

最初に本を出した後、得体の知れぬ恐怖にとらわれた。

「いったい、このまま本を書いて生きていけるのだろうか？」

どうすればいいのか？

「どうしたらいいんだろう？」と考えながら取材をして本を書いた。ある程度の年齢になってから作家になったため、いつまでもアマチュア精神が抜けなかった。

「先生、本にサインをお願いします」

そう言われても、さらさらっと書くことができなかった。サインの書体を持っていないから、ふつうに名前を書いた。小学生が答案用紙に書きこむ文字だ。

素人丸出しの作家ではあったけれど、廃業したくなかったから、作戦を立てることにした。

「他の人とは違うことをやらなければならない」

３つのことを守ることに決めた。

1　誰よりも時間をかけて取材、執筆をする

『高倉健インタヴューズ』（プレジデント社）は18年かかった。『TOKYOオリンピック物語』（小学館）は16年かかった。『キャンティ物語』で6年である。どんな本も時間をかければプロに対抗できる本になるんじゃないかと思った。

2　登場人物、取材対象を増やす

『キャンティ物語』は60人以上に取材をした。『TOKYOオリンピック物語』も同じくらいの人数に取材した。大勢を取材したから時間がかかったともいえるけれど、そういう手法で本を出していれば、まず真似されることはない。

大勢が登場する物語は取材と構成に手間がかかる。すべての登場人物のプロフィールと年表を作って、それで構成を考える。そこまでやろうと思う人は多くはない。

時間はかかるけれど、それをやったおかげで社史、学校の校史といった本を書いてくれと依頼が来るようになった。そちらも重要な収入源である。なんといっても、大勢の人が登場する本を楽に書くことのできるライターはあまりいないからだ。

また、わたしは取材を申し込む時、自分の名前で行う。編集者に代行してもらったことはない。おかげで人に会うことに躊躇する気持ちはなくなった。あつかましくなったともいえる。しかし、交渉力はついた。

3　朝早く起きて書く

村上春樹氏の本を読んでいたら「大切なところを書く時は午前4時に書く」とあった。なるほどと思ったわたしはすぐに真似をすることにした。午前4時には起きないけれど、大切なところを書く時は5時45分には起きて、ＰＣの前に座る。夜明け前は精神が集中する。文章を書く時は読み手に届くことを頭に置き、大いなる神に自分の文章の技を問う気持ちになっている。

ハドソンリバー派という画家たちがいるが、彼らは自然の風景を描く場合でも、木の葉を一枚一枚、ぜんぶ描く。よく見ると葉脈まで描いている。なぜ、そんなところまで描いているかといえば、自分の技を神に問おうとしていたからだ。わたしも神の前では謙虚でいようと思う。だから、手抜きはできない。朝早く起きて書くとは、祈りながら仕事をすることだ。

以上、３つのことを決めたのは、そうやって自分独自のものを作っていれば廃業しなくて済むと考えたからだ。いまのところはまだ廃業はしていない。しかし、どうなるかわかったもんじゃない。スリルのなかで生きている。

最後にもう一度、書きとめておく。

どうやったらオーガニックな文章を書くことができるのだろうか。

本書を読んだだけでは足りない。わたしがすすめるのは好きな作家の文章を書き写すことだ。一冊、まるごと書き写すのがいちばんだけれど、夏休みをすべて使うくらいの覚悟がなくてはできない。文章読本を何冊も読むより、これがいちばんだ。しかも、手で書くことだ。ＰＣではなく、手で書く。

文章の表現、句読点の打ち方、手で書いていると、なるほど、そうなっているのかとよくわかる。私は沢木耕太郎氏の『テロルの決算』（文春文庫）と三島由紀夫の『アポロの杯』（新潮文庫）の文章を手で書いた。当時は仕事がなかったから、ちょうどよかった。また、英文の本も一冊を書き写すと英語の勉強になる。

その後は創作だ。短編でいいから、何か一編を書く。創作の文章をひとつでも書くと、細かい部分が改善されている。とにかく、わたしがすすめるのは手間はかかるけれど、一冊をまるごと書き写すことだ。

JASRAC 出 1602567-601

野地秩嘉

1957年東京生まれ。早稲田大学商学部卒。出版社勤務などを経てノンフィクション作家に。人物ルポルタージュ、ビジネスから、食、芸術、海外文化にいたるまで幅広い分野で執筆。主著・近著に『キャンティ物語』(幻冬舎文庫)、『TOKYOオリンピック物語』(小学館文庫)、『企画書は1行』(光文社新書)、『高倉健インタヴューズ』(プレジデント社)、『イベリコ豚を買いに』(小学館)、『アジア古寺巡礼』(静山社)、『川淵キャプテンにゴルフを習う』(プレジデント社)、『サービスの達人たち　究極のおもてなし』(新潮文庫)ほか。

講談社+α《プラスアルファ》新書　721-1 C

SNS時代《じだい》の文章術《ぶんしょうじゅつ》

野地秩嘉《のじつねよし》

2016年3月17日第1刷発行

発行者――鈴木 哲

発行所――株式会社 講談社

東京都文京区音羽2-12-21 〒112-8001

電話 編集(03)5395-3522

販売(03)5395-4415

業務(03)5395-3615

装画――Everett Collection/Aflo

デザイン――鈴木成一デザイン室

カバー印刷――共同印刷株式会社

印刷――豊国印刷株式会社

製本――株式会社若林製本工場

本文データ制作――講談社デジタル製作部

ISBN978-4-06-272932-1